2023 WORLD BASEBALL CLASSIC
CHAMPIONS
WORLD BASEBALL 2023 CLASSIC
2023
2023
2023
WORLD BASEBALL CLASSIC
2023 CHAMPION

決勝後、表彰式に向かう大谷はサムアップポーズ

侍ジャパン初の国外選手、ヌートバー（右）
と大谷は優勝に笑顔

大谷翔平が教えてくれた
強い意志と
楽しむ心と
信じる力

今大会で大谷はMLB中継とはまた違う豊かな表情を見せてくれた

準決勝メキシコ戦の7回、一塁走者・大谷は吉田の同点3ランで歓喜のホームイン

準決勝メキシコ戦で同点3ランを放った吉田（中央）を抱き締める大谷

準決勝メキシコ戦前、試合で好守を見せたランディ・アロザレーナ（メキシコ）と記念撮影

準決勝メキシコ戦後、大谷（左）は逆転サヨナラ打の村上とグータッチ

決勝の9回、左すねに土を
付けたまま登板した大谷

準決勝の9回、先頭・大谷は右中間二塁打を放ち、塁上で侍ナインを鼓舞

優勝トロフィーを中心に歓喜に沸く侍ジャパン

KU AYASHI
0
SU UKI
5 1
CHAMPIONS
CHAMPIONS

証言WBC 2023

侍ジャパン 激闘の舞台裏

CONTENTS

大谷翔平 Shohei Ohtani

「世界一の選手になる」――2013年の北海道日本ハムファイターズ入団時に、大谷が栗山監督と誓った目標だ。10年の時を経て、日本代表として世界一に輝いた。現地取材で大谷を追った記者がWBCフィーバーと大谷フィーバーをリポートする。

「決めた。絶対に塁に出てくる」

取材・文＝片岡 将（夕刊フジ記者）

球界にまた伝説のスピーチが生まれた。3月21日（現地時間）、米フロリダ州マイアミ、ローンデポ・パーク、第5回WBC決勝アメリカ戦。大谷翔平（ロサンゼルス・エンゼルス）は決戦を前にしたロッカールームで円陣を組み、仲間たちに語りかけた。

「僕からは一個だけ。憧れるのを、やめましょう。ファーストにゴールドシュミットがいたりとか、センターを見たらマイク・トラウトがいるし、外野にムーキー・ベッツがいたりとか。野球をやっていれば、誰しもが聞いたことがあるような選手たちがいると思うんですけど、今日一日だけは、やっぱり憧れてしまったらね、超えられないので。僕らは今日超えるために、トップになるために来たんで。今日一日だけは彼らへの憧れを捨てて、勝つことだけ考えていきましょう。さあ、行こう！」

憧れるのを、やめましょう――。若き侍戦士たちは心を揺さぶられた。髙橋宏斗（中日ドラゴンズ）は「その円陣ひとつでチームがガラッと変わりました。本当にあの一言がなかったら、気持ちで負けたままマウンドに上がっていたんじゃないか」と証言する。

日本球界では、1974年長嶋茂雄氏（読売ジャイアンツ終身名誉監督）の「わが巨人軍は永久に不滅です」、2011年楽天ゴールデンイーグルス、嶋基宏選手会長（当時）の「見せましょう、野球の底力を」は記憶に残る名スピーチ。今回の大谷の言葉もまた、半世紀を超えて語り継がれていく伝説となった。

試合前のフリー打撃は「相手へのメッセージ」

大谷の一挙手一投足には、WBCを通してこれまで以上に注目が集まった。日本代表、しかもメジャーリーガー、さらにそのスーパースターとなった大谷が来日するとなれば、潜在的な野球ファンも球場に足を運び、テレビ画面を振り返る。野球での活躍のほか、大谷の日常のエピソードが次々と明かされていく。

アレルギー検査をした結果、卵断ちをしていたが、今回のWBCでは毎食ゆで卵3個が定番で、間食もゆで卵を食べていたという目撃談。パスタはトマトソースなどでは和えずに塩で食べる、ハンバーガーは炭水化物のバンズ抜き――。

メジャーリーガーのなかでも、打者

大谷は二刀流を貫き、胴上げ投手になって大会MVP。日本選手では2006、2009年の松坂大輔以来

JAPAN
16

としては打球速度と飛距離、投手としても球速でいずれもMLBトップクラスという肉体を作り上げた食事について、連日報道がなされていた。

選手たちもまた、大谷に注目していた。大谷は今大会に向けた二刀流ならではの調整をアメリカで行い、3月上旬にエンゼルスのキャンプ地、米アリゾナ州からプライベートジェットで帰国、チームに合流した。

3月3日、中日との強化試合（バンテリンドーム）。球場前に設けられた侍ジャパンのグッズ売り場には午前5時から行列ができるなど、開場以来の混雑ぶりで大混乱となっていた。

大谷はMLBの規定により試合出場は同6日から解禁だったため、試合前のフリー打撃のみに登場。試合前のフリー打撃を始めると、すでにほぼ満員の場内から拍手が巻き起こり、ケージ裏に侍ジャパンの選手たちが次々と集まり出した。7日の京セラドームでも、バックスクリーン5階席へ飛び込む驚異の飛距離を見せつけ、MLBで鍛え上げた打撃力を初めて日本の球場で披露した。エンゼルスでは練習量をセーブするためにグラウンドでの打撃練習を行うことは少なくなったが、ファンサービスの意味合いも込めていた。

「自分の持てるものを100％、試合のなかで出せることがチームにとって大事だと思うし、ほかの選手の安心材料になる。グラウンドでのプレーを頑張りたい。（投打の二刀流は）もちろん、それが僕のプレースタイルであるので、そのつもりでやる。僕は常に楽しいですよ。WBCは位置付けが別なところがある。前回の（2015年の）ジャパンの時とは、気持ちの面でちょっと違う」

大谷は大会を通してグラウンドでのフリー打撃を行うことが多かったが、その意図を問われた際に**「少し、相手へのメッセージを込めている」**と発言している。驚異的な打撃を試合前に見せつけておくことで、精神的に優位に立つ〝作戦〟でもあった。

準決勝9回裏の打席 グリップエンドを余らせた

3月20日（現地時間）、準決勝メキシコ戦。球史に残る激闘で、大谷は4－5と1点ビハインドの9回裏に勝負をかけていた。先頭で打席に入ると、相手守護神のジオバニー・ガジェゴス（セントルイス・カージナルス）の初球チェンジアップを右中間二塁打。一塁を回る直前にはヘルメットを脱ぎ捨て、二塁上では両腕を振り上げながら「カモン！」と3度絶叫。ラーズ・ヌートバー（カージナルス）は「普段は静かで冷静な男が、あんな熱さを見せてくれた。翔平はマジだった。ダグアウトも燃えないわけがない」とベンチに火がついたと証言。大谷は打席に立つ前、ヌートバーに**「決めた。絶対に塁に出てくる」**と言い残していた。

大谷は普段、バットを目いっぱい長く持ち、遠心力を使って長打狙いのスイングをするが、この打席だけは少しだけグリップエンドを余らせていた。長打よりも、少しでも出塁率を高めようとする工夫をして、反撃の糸口をつかもうと必死だったのだ。

メキシコ戦のあと、報道陣の前に姿を現した大谷の声は少しかすれ気味になっていた。それほど声をからしてチームを鼓舞していたのだろう。

「負けたら終わりですし、相手の選手も素晴らしいプレーが多かった。なかなかもどかしい展開でしたけど、こんなゲームをできるのは人生のなかでもそんなにあることではない。本当に楽しかったなと思います。テレビゲームをしているような楽しさではなくて、プレッシャーも込みで。人生のなかでそうそう経験できる舞台ではない。こういうところでプレーできる感謝の気持ちも込みの楽しさ」

アメリカと決勝で対戦することが決まった。この時点では、まだ大谷が決勝のマウンドに登板することは公にされていなかった。1次ラウンド最終戦となったオーストラリア戦の時点でも、米メディアはエンゼルスのキャンプ地、アリゾナ州テンピからフィル・ネビン監督の談話として「大谷はWBC準々決勝で投げて、大会終了後にチームに戻り、金曜日の24日に（エンゼルスで）投げる準備ができているだろう。（30日の開幕戦）オークランド（アスレチックス）との試合に向け、彼は金曜に登板することを望んでいた」とのコメントを速報。さらに、日本が準決勝に進出した場合でも「大谷は（準決勝以降の）アメリカラウンドでは投げない」とも明かされた。この時点では日本が米国と対戦するのは準決勝に予定されていたが、いずれにしろ、「大谷VS.トラウト」の同僚対決は実現しないものと考えられていたのだ。

準々決勝イタリア戦を勝ち上がり、決勝ラウンドの舞台となるアメリカへ。大谷は渡米後、エンゼルスのペリー・ミナシアンGMにビデオ通話で決勝でのリリーフ登板を直訴。許可を取りつけたうえで、準備を進めたのだった。

球種を見極める達人相手に 右肘をやや下げて投球

決勝戦――。日本の試合前練習中、マイク・トラウトはケージ裏に足を運び、エンゼルスで同僚の大谷と記念撮影する場面もあった。一方で、大谷は

大谷は決勝アメリカ戦で最後の打者となったトラウトを打ち取った瞬間、ガッツポーズ

MUFG

そのトラウトの前で2階席のアッパーデッキに運ぶ特大弾を連発した。

「少し、相手へのメッセージを込めている」

　強打者揃いのアメリカ代表もあっけにとられたように見入り、そのなかで、トラウトだけは大谷の打撃を見て大きくうなずいていた。

　侍ジャパンでの定位置となった「3番・DH」で先発出場すると、6回に「二刀流」の動きが始まる。大谷はそのイニング終了後からベンチとブルペンの往復を開始した。ないとみられていた決勝登板は、シーズンでは異例のリリーフ。またとない大舞台に懸ける大谷の意気込みがそうさせた。

　8回に登板したダルビッシュ有（サンディエゴ・パドレス）が、昨季ナ・リーグ本塁打王カイル・シュワーバー（フィラデルフィア・フィリーズ）に1点差に迫られるソロを被弾した。3－2。緊迫の場面で、大谷はゆっくりとマウンドへと歩を進めた。

「エンゼルスの選手たちと対戦するのは特別です。普段は仲間として戦っていますし、お互いのことを知っているなかで、お互いの国を代表して戦うのは特別なこと。そのなかでトラウトは、今の野球のトップにいる選手だと思う。日本人にとっても、アメリカ代表とやるのは特別なことだなと思います」

　先頭の2022年首位打者ジェフ・マクニール（ニューヨーク・メッツ）こそ四球で歩かせたが、1番のムーキー・ベッツ（ロサンゼルス・ドジャース）を二ゴロ併殺打に打ち取ると、トラウトとの同僚対決が実現した。普段よりも、やや右肘を下げたフォーム。トラウトが相手の投球フォームの癖から球種を見破ることに長けていることを知っており、スライダーとストレートの見分けを難しくするために右肘の位置を変えて投球していたのだ。

　初球のスライダーを投げたあとはカットボール気味のストレートを続けると、フルカウントから水平に大きく曲がる「スイーパー」で空振り三振を奪った。

「誰よりも彼の凄さを近くで見ていてわかっているだけに、自分のベストを超えないと勝てないと思っていた」

　グラブとキャップをまるで剛速球のように投げ飛ばし、喜びを爆発させた。その大谷にナインが駆け寄り、歓喜の輪が広がる。大谷は高校時代に掲げたWBC優勝と大会MVPという目標を達成した。

日の丸ユニでは初の栄冠 2026年出場に意欲

　今大会、テレビを見つめた子どもたちは大谷の姿に目を奪われた。大谷も

準決勝の9回、先頭・大谷は右中間へ打ち返し、一塁前で「メット投げ」

また、かつては夢を追う野球少年だった。

「野球を始めてから今日まで、1位以外を目指したことはない。負けていいと思ったこともないですし。目標のひとつだった大会で勝ちたいと思うのは自然の流れです」

2006、2009年のWBC連覇、とくに中学2年の時に見た2009年第2回大会の決勝、韓国戦でのイチロー（当時シアトル・マリナーズ）のタイムリーに心ひかれて日の丸のユニホームを目指すようになった。しかし、大谷は日の丸のユニホームを着て、歓喜の瞬間を迎えたことは今大会までない。

2012年、花巻東高3年の最後の夏に甲子園出場を逃したが、岩手大会準決勝、一関学院戦で高校史上最速の160キロをマーク。IBAF U18世界野球選手権大会の主力として選出された。だが、股関節の成長痛が完治しておらず、二刀流として出場したが消化不良の成績にとどまった。

3年後の世界野球「プレミア12」では投手に専念し、準決勝の韓国戦で7回無失点も、後続が打たれて逆転負けを喫した。2017年の第4回WBCでは、前年のパ・リーグMVPとして期待されたが、右足首の故障によって辞退している。

MLBでは2021年に本塁打王争いを繰り広げ、46本塁打、100打点。2022年は史上初のシーズン15勝&30本塁打、シーズン200奪三振&30本塁打など数々の記録を成し遂げた。2020年に予定された第5回WBCは新型コロナウイルス感染拡大の影響で、今年に延期された。やっと巡ってきたWBC出場のチャンスに、大谷は参加の意思を固めていた。

1月6日、侍ジャパンメンバー先行発表会見に大谷はサプライズ登壇。笑顔でその姿を見つめた栗山監督は、「あいつは、あまのじゃくだから」という大谷の性格を踏まえ、決勝最終回の登板を思い描きつつも、この日からひたすら本人からの立候補を待ち、決勝の3日前に大谷から申し出を受けた。

高校卒業後、すぐにMLB挑戦を熱望していた大谷は、栗山監督の熱意と綿密な育成計画に心を開き、北海道日本ハムファイターズに入団した。その時、栗山監督と誓ったことがある。「世界一の選手になる」。イチローは2019年に自身の引退会見で「世界一の選手にならないといけない」と大谷に夢を託した。

「今日（決勝で）勝ったからといってその目標が達成されているというわけではない。この優勝を一つの通過点として、もっともっと頑張っていきたい」

侍ジャパンと大谷の物語にはまだ先があるのだ。

侍ジャパン 真相ドキュメント

栗山英樹 Hideki Kuriyama

日本代表を2009年以来3大会ぶりの世界一に導いた栗山英樹監督。
今大会では選手たちを信じ、あらゆる手を打ち、準備をし尽くしてきた。
長年にわたって栗山監督を取材してきたベテラン記者が、指揮官の思いと歩みをリポートする。

取材・文＝秋村誠人（スポーツニッポン新聞社専門委員）

「人って凄い。本当に凄い。そう感じた大会だった」

野球の神様は間違いなく存在する——。アメリカとの決勝戦。ローンデポ・パークの三塁ベンチで栗山英樹監督は、そう感じていたという。

スコアは3－2。9回のマウンドに満を持して大谷翔平（ロサンゼルス・エンゼルス）を送り出してからのことだ。アメリカの打順は9番、代打のジェフ・マクニール（ニューヨーク・メッツ）から。この回を打者3人で終わるとなれば、最後の打者はマイク・トラウトになる。

ともにエンゼルスでプレーする両雄。侍ジャパンの絶対的な二刀流プレーヤーとアメリカ代表が誇る絶対的な主将の対決がラストシーンなんて、漫画家だって描けないかもしれない。誰もがその瞬間だけは見逃すまいとグラウンドを凝視していた。

ところが、だ。大谷は先頭のマクニールにフルカウントから四球を与えてしまう。どよめきと歓声。何かが起こるかもしれない。異様な雰囲気がスタジアムを包み込んだ次の瞬間、アメリカファンの期待と日本ファンの不安を打ち砕くように、大谷は1番ムーキー・ベッツ（ロサンゼルス・ドジャース）を二ゴロ併殺に打ち取った。一瞬にして2死となり、走者なしでトラウトに打順が回った。

決勝で劇的勝利を収め、栗山監督は侍ナインに胴上げされる

そのシーンを見て、栗山監督は確信したという。

「あっ、これは勝つんだな……」

それは野球の神様が存在することを改めて感じた瞬間でもあった。

「最後の最後に、世界一を決める場面が翔平とトラウト。きっと野球の神様が、今までの苦しみ、頑張ってきた翔平たちのことを認めて用意してくれたんだろうな、と」

このラストシーンは野球の神様が整えてくれた必然の舞台。そして、神様は「勝ちなさい」と言っていた。

1点リード、9回表2死。走者はいない。神様が整えた最高の場面で、大谷は真っ向勝負を挑み、トラウトを空振り三振に斬った。それもストライクはすべて空振りだ。MLB最強の打者に打球を前に飛ばさせることなく、最後は魔球ともいえる「スイーパー」で仕留めた。

大谷が雄叫びを上げながらグラブと帽子を投げ捨て、歓喜の波にのみ込まれていく。世界一の儀式。それは栗山監督にとって、まさに自身の座右の銘である「夢は正夢」が現実となった瞬間だった。

「信じる」からスタート 東郷神社で決意を新たに

夢とは、願い、叶えるものだ。でも、

栗山監督は世界一という大きな夢を願ってはいない。「願ってはいない」と言うと語弊があるかもしれないが、今回のWBCに関してすべてに「頼み事」はしていない。一点の曇りもなく、今回の世界一は、すべては「信じること」から始まっていた。

WBCイヤーを迎えた今年1月、栗山監督はこんなことを話していた。

「選手をマウンドに、打席に送り出してから〝頼む、打ってくれ〟とか〝ここは抑えてくれ〟とか、絶対に思わない。何があっても、そんな頼み事は絶対にしない」

2月17日からスタートした宮崎合宿の直前。栗山監督は「合宿からが戦いの始まり」と位置付けて、東京・原宿にある東郷神社を訪れた。元帥海軍大将の東郷平八郎が祀（まつ）られ、「勝負の神様」として知られている神社だ。東郷平八郎は日露戦争で連合艦隊を指揮し、ロシアのバルチック艦隊を撃破するなど日本を勝利に導いた。

「あの日露戦争で司令長官を任されたのは、最も運を持っている人だったからだと聞いた。今回のWBCでは、自分の運を信じて戦い抜こうと思った」

勝負の神様への「神頼み」ではない。自身の「運」をとことん信じて采配を振る。

「コーチ、選手の意見はしっかり聞く。

二刀流選手としての始まりをともに歩んできた栗山監督（右）と大谷はシャンパンファイトで握手

だけど、最後の最後の決断はすべて自分で下す」

その覚悟を固めるためだった。

尊敬する三原脩の言葉「実力5、運3、調子2」

かつて魔術師といわれ、尊敬する名将・三原脩氏が勝負の要素として挙げたのが「実力5、運3、調子2」。10割のうち3割も、運が勝負を左右する。三原氏は「運（ツキ）」の研究をし、著書にも記している。だから、自分の運を信じて「すべて自分で決めようと思った」という。

人を信じる。それは簡単そうで意外に難しい。どんな苦境に追い込まれても、最後まで人を信じ抜く。その信じる力を栗山監督は誰よりも持っていた。

選手選考を終えたあとのこと。どのようにして勝ちきるかという質問に、こう答えている。

「これだけの選手が集まった。彼らが持てる力をそのまま出してくれたら必ず勝ちきれる。だから、選手たちが試合で力を発揮する邪魔をしないようにしたい」

つまり、どのように勝つかは問題ではない。どうしたら選手たちが力を発揮できるか。選手たちが自分たちのプレーをすれば、チームは自然に勝つ。その環境をいかにして整えるか。2月

17日スタートの宮崎合宿から、そこに心血を注いだ。

加えて、栗山監督が信じていたもののひとつに、選手一人ひとりが持つ「魂」があった。「日本野球のために」という強い思い。それが侍ジャパンの大きな推進力になるととらえていた。だから選手選考の際、内定した選手たちへの通達はすべて自分の口から伝えている。これまでの慣例では、内定した選手への通達はNPB（日本野球機構）から所属球団→選手本人という流れだった。

しかし、栗山監督は「そういうものじゃない。魂を持って戦ってもらうんだから」と慣例を打破。一人ひとりに直接電話して「力になってくれ」と熱く語りかけた。そこから選手個々との対話を欠かさず、どう考えているか、どんな思いを持っているか、多くのことを把握し、理解したうえで環境をつくり上げていった。

選手が持つ「魂」が如実に表れたシーンがあった。1次ラウンド最大のヤマ場と位置付けていた3月10日の韓国戦だ。先発ダルビッシュ有（サンディエゴ・パドレス）が3点先制を許した3回裏の攻撃。先頭打者で四球を選び、二盗を決めた源田がアクシデントに見舞われた。牽制球で二塁に戻った際、右手小指を負傷。手袋を取ると、小指があらぬ方向に向いている。完全な骨折。痛み止めを飲み、患部をテーピングした源田は、遊撃の控えの中野拓夢（阪神タイガース）に、ベンチでこう伝えたという。「ランナーに行ってくる。その間に準備してくれ」。そして、二塁ベースへ戻った。

今、チームのために自分ができることは何か。小指を骨折していても走塁だけならできる。でも、次の守りから交代する中野に、少しでも用意する時間を与えたい。その姿は栗山監督が信じる「魂」にあふれ、侍ジャパンは源田の四球から始まった3回に逆転。そのまま圧勝した。

ローテ逆算の結果 佐々木が3・11登板

今大会で、栗山監督は「運命」の存在も強く感じていた。人の意思にかかわらず巡ってくる物事、禍福。それが「運命」だ。

佐々木朗希（千葉ロッテマリーンズ）が3月11日のチェコ戦（東京ドーム）に先発したのも、意図してローテーションを組んだわけではなかった。12年前に東日本大震災が起こった3・11。父・功太さんを津波で失った佐々木にとって特別な日だ。

「勝つためにやる。だから、そこに合わせることはなかった。それでも、朗希の持つものが自然とその日にさせた」

アメリカラウンド進出がかかる3月16日の準々決勝から逆算したローテーション。登板間隔などに細かい制約があった大谷、ダルビッシュを準々決勝に投入するため、先発は1次ラウンド初戦の中国戦に大谷、翌日の韓国戦にダルビッシュが決定。そして自然と、佐々木が3・11という順番になった。

そのチェコ戦は10－2で勝利。佐々木は球数制限のため66球で4回途中の降板となったが、勝ち投手となった。

「選手は監督を見ている。だから微動だにしなかった」

1次ラウンド4試合に圧勝し、迎えた準々決勝イタリア戦前のことだ。大会主催者から突然、準決勝の組み合わせ変更が発表された。当初は1次ラウンドの順位に関係なく、勝ち上がればアメリカとは準決勝で対戦するはずだった。それが決勝まで対戦しない組み合わせに変更。アメリカ戦の放映権を持つテレビ局の契約上の取り決めという裏事情だった。

この時、試合前の共同会見で組み合わせ変更について問われた栗山監督は顔色ひとつ変えずに回答している。

「そんなことは関係ない。今は次の試合に勝つことがすべて。それだけに集中する」

1年4カ月前の侍ジャパン監督就任以来、ずっと「アメリカを倒して世界一に」と言い続け、準決勝で戦うことになるアメリカに照準を合わせてきた。先発、そして第2先発で佐々木と山本由伸（オリックス・バファローズ）をつぎ込むことを決めていた。

大きく構想を狂わせる変更にもかかわらず、まったくの平常心。そこには理由がある。

「選手は監督のことを見ている。何か変化があれば、それは選手たちに伝わる。だから微動だにしなかった」

選手たちが試合だけに集中し、持てる力を発揮できるように。その環境を整えるため平静を保ったのだ。

監督就任直後の2021年12月。栗山監督は東京都内にある名将・三原脩氏の墓参りに赴いた。就任を報告して「三原さんなら、どう戦いますか？」と問いかけた。心に聞こえてきた言葉は「どんな状況に追い込まれても対応できるように、すべての準備をしておけ」だった。その言葉に従い、すべての準備をしていたから、突然の組み合わせ変更にも微動だにしなかった。

村上の逆転打直前 代走・周東投入が勝負手

ローテーション通りに20日（日本時間21日）の準決勝メキシコ戦には佐々

木と山本を投入。打線は相手先発パトリック・サンドバル（エンゼルス）に苦しめられ、崖っぷちまで追い込まれたが、信じる選手たちが奇跡の逆転劇を演じた。

1点ビハインドの9回。先頭の3番・大谷が右中間二塁打、続く吉田正尚（ボストン・レッドソックス）の四球で無死一、二塁となった。ここで栗山監督は一塁走者・吉田の代走として周東佑京（福岡ソフトバンクホークス）を送った。周東は足のスペシャリスト。もし、この回が同点止まりで延長に入れば、10回からタイブレークになる。それでも、ポイントゲッターの吉田を交代させた。

「タイブレークになるのはわかっていた。でも、それを考えて打つ手を控えるということはあり得ない」

やるべきことはやり尽くす。打つべき手はすべて打つ。あらゆることを想定し、準備してきたからこその勝負手だった。

ここで無死一、二塁になって、打順は5番・村上宗隆（東京ヤクルトスワローズ）。極度の不振に苦しんでいた日本の主砲は、準々決勝で5番に降格していた。この試合も3打席連続三振と三邪飛。実は吉田が四球を選ぶ前に、無死一、二塁となる場合に備え、栗山監督は送りバント要員として牧原大成（福岡ソフトバンクホークス）に用意させていた。でも、代打は送らなかった。城石憲之内野守備走塁兼作戦コーチに「お前に任せた」の伝言を託し、村上をそのまま打席へ。この時、栗山監督には天から何かが降りてきた感覚があったという。

「あっ、これは最低でも外野フライで一、三塁になるな、と。そうすれば周東を走らせて二、三塁にできる」

次の瞬間、村上の打球はそんな〝天の声〟を超え、左中間フェンスを直撃。大谷は二塁から悠々とホームインし、代走に出していた周東の足が生きて一塁から長駆、サヨナラのホームへ滑り込んだ。

村上とは5番降格の際に直接の対話を重ね、何度もLINEをした。日本野球史上最年少の三冠王を「あの王貞治さんよりも本塁打を打った打者。何かきっかけがあれば必ず打ってくれる」と信じた。

ただ信じただけではない。不振に悩む村上に試合中、大谷と吉田がアドバイスを送っている様子を見ている。それも、身振り手振りを交えて熱心に。

「村上が打たなければチームは勝てない。それを彼らはわかっていた」

この状況こそ、栗山監督が心血を注いで整えてきた「選手たちが力を発揮できる環境」にほかならない。

村上は準決勝の逆転サヨナラ打に続き、アメリカとの決勝でも1点を追う2回に豪快な同点ソロを右翼席へ放った。

豪華リレー決定は当日 監督のイメージが実現

その決勝。最後のマウンドに大谷がいるシーンを、栗山監督はイメージしてきたという。そのイメージは、かねてから栗山監督が心にとどめている言葉とリンクしている。京セラの創業者で、偉大な経営者だった故稲盛和夫氏の名言のひとつだ。

――同じ夢を追求し続けると、その夢はどんどん鮮明になり、ついにはカラーで見えるようになる。それがビジョンです。そういう心理状態になったとき、私は自分のビジョンが実現することがわかるのです――

栗山監督は以前、稲盛氏の話を聞きたくて京都まで行ったことがある。スケジュールが合わずに面会はかなわなかったが、近い関係者から、さまざまな話を聞いて感銘を受けている。

偉大な経営者が残した名言と同じように。監督就任当初はおぼろげな白黒だったシーンは、次第に鮮明になっていき、準決勝に勝った時にはカラーになっていた。

とはいえ、ずっと脳裏に刻まれていたシーンが、本当に実現するかはきわめて微妙だった。決勝でダルビッシュ―大谷という夢のリレー。二人は16日の準々決勝イタリア戦に登板しており、そこから決勝は中5日の22日（現地時間21日）。準々決勝後にアメリカ移動を挟んでいるため、実質的に中4日だ。大会前にエンゼルス側が大谷の登板間隔を中6日以上としたこともあり、本来なら決勝の登板はあり得ない。MLBで確固たる地位を確立したダルビッシュといえども、実質的な中4日登板は厳しく、二人に登板を要請することなどできなかった。

そんななかでも、栗山監督は本人たちから「投げます」と言ってくるのを待っていた。アメリカと世界一をかけて戦う決勝の大舞台。こんな舞台はもう二度とないかもしれない。

「彼らの野球観なら言ってくるだろうとは思っていた」

大谷には渡米後の19日（現地時間18日）の練習中に登板の意思を確認し、決勝当日まで体の状態を見て判断することになった。エンゼルス側には大谷が決勝前日に意向を伝え、最終的に決まったのは決勝当日。同じように、ダルビッシュが「投げます」と言ってきたのも決勝当日だ。栗山監督が二人の「魂」をとことん信じ、ひたすら待った結果だった。

1次ラウンドのチェコ戦で交代する佐々木（右）と栗山監督

至誠にして動かざる者は未だ之れ有らざるなり

「夢は正夢」。栗山監督の座右の銘だ。アメリカとの決勝。9回のマウンドで大谷がトラウトを空振り三振に斬った瞬間、栗山監督がずっとイメージしてきたシーンが現実のものとなった。まさに夢が正夢となった瞬間でもある。やるべきことをやり尽くし、打つべき手を打ち尽くした。そのなかで、最も大きかったのが「信じる」ことだ。決勝のあと、栗山監督は今回のWBCをこんな言葉で振り返っている。

「至誠にして動かざる者は、未だ之れ有らざるなり」

　これは幕末の志士、吉田松陰が好んだ孟子の一節として知られている。「精いっぱいの誠意を持って尽くせば、動かなかった人など今まで誰もいない」という意味だ。吉田松陰は栗山監督が最も好きな歴史上の偉人。誠意を尽くし、最後の最後まで信じ抜いた選手たちが世界一という栄冠を勝ち取った。日本中を興奮と感動の渦に巻き込んだ侍ジャパン。栗山監督は喜びをかみしめながら言った。

「人って凄い。本当に凄い。そう感じた大会だった」

　その言葉に侍たちの戦いのすべてが凝縮されていた。

取材・文＝丸井乙生

「データスタジアム」アナリストが徹底分析

データが語る"完全優勝"「侍ジャパン」強さの秘密

日本野球の象徴とされる「スモール・ベースボール」。今大会の日本代表は機動力やバントだけではない、新たなスタイルを見せた。スポーツデータを扱う会社「データスタジアム」のアナリスト・佐々木浩哉氏が解説する。

日本中を熱狂させた侍ジャパンの世界一への戦い。世界一を奪還できた「強さ」は記録にも如実に表れている。スポーツデータを扱う会社「データスタジアム」のアナリスト・佐々木浩哉氏は、今回の侍ジャパンは〝完全優勝〟だったと分析する。

「野球というスポーツでは得点と失点は最も重要な数字。トーナメント形式で行われた今大会は国によって試合数にばらつきがあるため、ベスト8の国に絞って得失点の関係を比較しました［**表A**］。日本代表は一番点を取って、一番失点していない（56得点18失点）。最重要項目で最も優秀な数字を残しました。投打において他国を圧倒した、完全優勝と言ってもいい内容だったと思います」

下位打線が出塁率4割2分7厘と貢献

チーム打撃成績［**表B**］では上位8カ国のうち、本塁打数はアメリカの12本に次ぐ9本で2位、盗塁は他国の追随を許さない10盗塁でトップ。パワーとスピードを兼ね備えた打線は打率こそトップのキューバ、2位のアメリカに次ぐ3位だが、出塁率は唯一の4割台となる4割5分9厘とずば抜けている。

［A］2023年WBCベスト8｜得失点

チーム	試合	得点	失点	得失点差	平均得点	平均失点
日本	7	56	18	38	8.0	2.6
メキシコ	6	37	24	13	6.2	4.0
アメリカ	7	51	28	23	7.3	4.0
キューバ	6	31	32	-1	5.2	5.3
プエルトリコ	5	34	17	17	6.8	3.4
イタリア	5	23	26	-3	4.6	5.2
オーストラリア	5	32	23	9	6.4	4.6
ベネズエラ	5	30	18	12	6.0	3.6

※赤字は全体1位

［B］2023年WBCベスト8｜打撃成績

チーム	打数	安打	本塁打	犠打	盗塁	打率	出塁率	長打率	OPS
日本	221	66	9	3	10	.299	.459	.502	.962
アメリカ	237	72	12	0	2	.304	.394	.553	.947
ベネズエラ	168	46	7	0	4	.274	.359	.476	.836
オーストラリア	157	40	7	3	3	.255	.369	.446	.815
キューバ	206	64	2	3	2	.311	.382	.413	.795
プエルトリコ	164	46	4	0	2	.280	.351	.433	.784
メキシコ	211	59	6	0	7	.280	.368	.412	.780
イタリア	172	47	1	2	3	.273	.347	.366	.713

※赤字は全体1位

［C］2023年WBC日本代表 打順別打撃成績

打順	打数	安打	本塁打	三振	四球	打率	出塁率	長打率	OPS
1・2番	55	17	1	16	14	.309	.457	.436	.894
3～5番	74	26	5	21	21	.351	.500	.662	1.162
6～9番	92	23	3	21	29	.250	.427	.413	.840

［D］WBC日本代表 年度別GO/AO（ゴロ/フライ率）

年度	GO	AO	GO/AO
2006	93	68	1.37
2009	100	76	1.32
2013	71	69	1.03
2017	78	62	1.26
2023	49	56	0.88

※データはWBC公式サイトを参照
平均は1.08。高いほどゴロアウト。

「セイバーメトリクスの指標でOPSという出塁率と長打率を足した指標があり、これもトップ。もちろん長打も出ていましたが、出塁も多い点で完成度の高い打線と言えると思います。日本代表はこれまで比較的、小技を絡めた野球が代名詞でしたが、今大会では過去のWBCと比較して最も少ない3犠打（2006～2017年の過去4大会はそれぞれ9、7、6、9犠打）なので、ここにスタイルの違いが表れています」

攻撃面において佐々木氏はとくに下位打線の活躍［表C］に着目する。

「1、2番が出塁し中軸で還すパターンが注目されていましたが、個人的には下位打線の活躍を挙げたい。6～9番の出塁率4割2分7厘は高い数字で上位と遜色ない。下位打線が出塁することで、上位打線でさらに走者をためて還すパターンもできていた。クリーンアップは抜群の数字を残しているのですが、下位打線がすごく効いていました」

近年、世界の野球を席巻した「フライボール革命」。ゴロを打つよりも打球の角度をつけて打ち上げたほうが本塁打を含む安打がより生まれやすいという理論だ。この「フライボール」も今回の日本打線の特徴。その傾向は、ゴロアウトとフライアウト（エア・アウト＝AO）の割合を示す指標「GO／AO」［表D］でわかる。

「これまでの日本代表はゴロのアウトが多かったですが、今大会はフライアウトのほうが多かった。必ずしもフライアウトが多ければ絶対にいいということではありませんが、ゴロよりフライアウトが推奨されるのが現在のトレンド。その影響が反映されています」

平均球速153・1キロ 決め球はフォーク

投手陣では奪三振と与四球の割合を示す「K－BB%ランキング」［表E］で日本は本選参加20カ国全体でトップの数値を残した。

「K－BB%ランキングは、数字が大きければ大きいほど効果的な投球ができていたことを示します。K%は打席あたりの奪三振、BB%は打席あたりの与四球。日本代表は三振を多く取り、四球が少ない理想的な投球ができていたことがわかります。なぜ、そのような投球ができたかといえば、今大会の日本代表の投手陣の直球平均球速は全体2位の153・1キロ［表F］。アメリカも150キロ台に入っていませんし、唯一ドミニカ共和国に上回られましたが、

［E］2023年WBC K-BB%ランキング

順位	チーム	K%	BB%	K-BB%
1	日本	32.9	4.5	28.4
2	ベネズエラ	29.0	7.3	21.8
3	韓国	29.5	7.9	21.6
4	ドミニカ共和国	28.3	7.1	21.3
5	プエルトリコ	27.2	8.1	19.1
6	メキシコ	26.0	9.9	16.1
7	アメリカ	21.6	7.8	13.7
8	イスラエル	24.3	10.8	13.5
9	キューバ	22.3	10.1	12.2
10	コロンビア	23.4	11.4	12.0

※K%、BB%は打席あたりの奪三振、与四球

［F］2023年WBC ストレートの平均球速ランキング

順位	チーム	平均球速
1	ドミニカ共和国	153.6
2	日本	153.1
3	ベネズエラ	152.9
4	プエルトリコ	151.1
5	イタリア	150.43
6	メキシコ	150.37
7	コロンビア	150.1
8	イギリス	149.9
9	アメリカ	149.8
10	キューバ	149.5

※球速の単位はkm/h

［G］2023年WBC日本代表 ストレートの平均・最高球速

投手名	投球数	平均球速	最高球速
佐々木朗希	65	160.8	164
大谷翔平	56	158.5	164
髙橋宏斗	29	155.0	158
大勢	38	153.1	156
山本由伸	51	152.4	155
今永昇太	49	151.5	154
ダルビッシュ有	26	151.2	154
宇田川優希	8	150.6	153
湯浅京己	24	150.6	154
伊藤大海	18	149.9	153
高橋奎二	19	149.5	152
戸郷翔征	40	148.2	151
宮城大弥	33	147.7	150
松井裕樹	15	146.9	149

※小数点以下は切り上げ

［H］2023年WBC日本代表｜球種別奪三振内訳

順位	奪三振	割合％
フォーク	40	50.0
ストレート	23	28.8
スライダー	11	13.8
チェンジアップ	4	5.0
カットボール	2	2.5

※フォークにスプリットを含む

過去の日本代表と比較しても抜群に速かったと言えます」

表Gは日本代表各投手の平均球速および最高球速だ。登板した14投手のうち9投手が平均150キロ超。最速においても14投手のうち13投手が150キロ台をマークした。

「パワーピッチャー揃いだということがよくわかります。過去の大会を見ると下手投げや左の変則投手をワンポイント的に入れたりしていましたが、今回は速い投手を意図的に揃えたように思います。今永昇太投手（横浜DeNAベイスターズ）は、今回の平均が151・5キロ、最速154キロでした。レギュラーシーズンでは140キロ台中盤から後半だった球速が、今回は150キロ超に上昇しています」

奪三振の5割がフォークボール

直球の球速もさることながら、日本投手陣のフォークボールは海外勢に有効だった。日本代表の投手陣全員の球種別奪三振数割合【**表H**】は、フォークボールが半分を占めている。

「今大会で象徴的だったことのひとつです。投手によってはスプリットと表現しますが、ここでは『フォーク』でまとめています。いずれにしろ落ちるボールが有効だったということです。速い真っすぐと落差の大きいフォーク。このコンビネーションが効いていた」

アメリカ、そして中南米の国々はMLBで活躍する選手たちを多く擁する。にもかかわらず、日本投手陣の「落ちるボール」をなぜ攻略できなかったのか。

「MLBでもスプリットを投げる投手はそれなりにいますが、どちらかといえばチェンジアップやシンカー（ツーシーム）の比重が大きい。MLB1年目の千賀滉大投手（ニューヨーク・メッツ）は『ゴースト・フォーク』で話題になっていますが、実はあまりいないタイプ。今回の投手陣には、先発、そしてリリーフにもフォークボールを武器とする投手が多い。おそらく栗山英樹監督には海外の打者にフォークボールが有効だろうという予測があり、リリーフに大勢投手（読売ジャイアンツ）、髙橋宏斗投手（中日ドラゴンズ）らフォークが武器の投手を揃えたのではないでしょうか」

データでも証明 大谷、吉田は「別格」

大谷で始まり、大谷で終わった今回のWBC。大谷翔平（ロサン

[I] 2023年WBC 打球速度ランキング

順位	打者名	チーム	日付	結果	打球速度
1	大谷翔平	日本	3/11	二塁打	191.0
2	大谷翔平	日本	3/16	ライナー	185.7
2	ロウディ・テレス	メキシコ	3/15	ライナー	185.7
4	村上宗隆	日本	3/22	本塁打	185.2
5	大谷翔平	日本	3/22	単打	183.5
6	ピート・アロンソ	アメリカ	3/20	単打	183.1
7	カイル・シュワーバー	アメリカ	3/18	単打	182.7
8	フリオ・ロドリゲス	ドミニカ共和国	3/12	単打	182.5
9	大谷翔平	日本	3/12	本塁打	182.2
10	ランディ・アロサレーナ	メキシコ	3/12	本塁打	181.1

※データはBaseball Savantを参照
※打球速度の単位はkm/h

[J] 2023年WBC 本塁打の推定飛距離ランキング

順位	打者名	チーム	日付	推定飛距離
1	大谷翔平	日本	3/12	136.6
1	フアン・ソト	ドミニカ共和国	3/16	136.6
3	ロビーグレンディニング	オーストラリア	3/11	134.4
4	マニー・マチャド	ドミニカ共和国	3/15	133.2
5	カイル・シュワーバー	アメリカ	3/22	132.9
6	村上宗隆	日本	3/22	131.7
7	ホセ・ラモス	パナマ	3/11	130.5
7	カイル・シュワーバー	アメリカ	3/12	130.5
7	トレイ・ターナー	アメリカ	3/20	130.5
10	オーウェン・ケイシー	カナダ	3/13	130.1

※データはBaseball Savantを参照
※飛距離の単位はメートル

[K] 2023年WBC｜球速ランキング

順位	投手名	チーム	日付	イニング	球速
1	大谷　翔平	日本	3/16	2	164.2
1	ギレルモ・スニガ	コロンビア	3/12	9	164.2
3	佐々木朗希	日本	3/11	1	164.0
3	佐々木朗希	日本	3/21	4	164.0
3	佐々木朗希	日本	3/11	1	164.0
6	佐々木朗希	日本	3/21	1	163.8
7	佐々木朗希	日本	3/21	1	163.7
7	佐々木朗希	日本	3/11	1	163.7
9	佐々木朗希	日本	3/21	4	163.5
9	大谷翔平	日本	3/22	9	163.5

※データはBaseball Savantを参照
※球速の単位はkm/h

WBCで自己最速タイの154キロをマークした今永

ゼルス・エンゼルス）はレギュラーシーズンだけでなくWBCでも二刀流を貫いた。

「大谷選手に関しては、3つのデータ［表I・J・K］を見れば、その価値は一目瞭然。最も速い打球を打ち、最も飛距離のある本塁打を打ち、最も速い直球を投げた。この3つはMLBでも非常に重要な指標とされており、そのいずれでもトップ。これぞ大谷選手というデータだと思います」

活躍した選手はもちろん大谷だけではない。〝三振しない男〟吉田正尚（ボストン・レッドソックス）はWBCでも大会を通して三振数はわずか1。その1つは決勝戦における通算29打席目に喫したものだった。

「吉田選手は大会中に1三振しか喫していませんし、出塁する能力にも長けていました。準決勝メキシコ戦での3ランのような長打でも結果を出した。大会が始まって栗山監督は4番・村上選手でスタートしましたが、5戦目で5番を打っていた吉田選手と入れ替えた。この采配は意外でしたが、吉田選手は結果的に大会記録となる13打点を挙げるなど、どの打順でもしっかり機能した印象があります」

2023年WBCの日本代表は日本野球の代名詞「機動力」に投打ともにパワーとスピードが加わった、いわば〝ハイブリッド野球〟へ進化したと言えそうだ。

「スピードの部分は、投手の球速や打球速度。MLBが目指す最先端も、やはりスピードです。これまで日本は細かい野球で対抗しようとしましたが、今回は明らかにMLBのトレンドに合う選手を揃え真っ向から戦って優勝した。価値がある世界一だと思います」

侍ジャパン 真相ドキュメント
③

ダルビッシュ有

Yu Darvish

日本代表を“ワンチーム”にした人間力の「核心」

各球団から集結した選手たちと距離を縮め、約1カ月で団結力あるチームにまとめ上げた。ダルビッシュの気遣いは今大会で話題となったが、その原点は18歳の時の出来事にある。彼に救われた元担当記者が、日本代表を支えた「人間力」の核心を綴(つづ)る。

文＝今井真之
（北海道日本ハムファイターズ元担当記者）

ダルビッシュ（右）はシャンパンファイトで村上と喜び合う

14年前は歓喜の輪の中心にいたダルビッシュ有（サンディエゴ・パドレス）が、今回は三塁ベンチからマウンドめがけて走った。ナインや首脳陣と力強い抱擁を交わし、胴上げでは栗山監督に続いて3度宙を舞った。２００９年の第2回大会優勝とは、役割も存在感も違っていた。

「胴上げは本当に感無量というか、そういう感じで。すごく気持ちよかったです。とにかく楽しく野球をしているところをファンの方々に見てもらうことが大事だったと思うので、それプラス、結果がついてきて本当によかった」

インタビューで充実感と安堵感を漂わせた右腕は、3試合に登板して計6回5失点の防御率6・00。百戦錬磨のダルビッシュでさえ、一度も実戦マウンドの機会がないなかでの〝ぶっつけ本番〟は、酷だったにちがいない。ストレートは球速表示こそ150キロを超えていたが、体もボールも、キレがいまひとつだった。

だが、個人成績だけでは推し量ることのできない貢献度があったからこそ、胴上げにいざなわれた。

侍ジャパンのメジャーリーガーでは唯一、2月の宮崎強化合宿から参加。選手ではただ一人の昭和生まれの36歳。大会前、大会期間中を通じて、投手と野手の垣根を越え、率先して何度も食事会を開いた姿は、「人見知り」を自認していた20代の頃とは、明らかに変わっていた。

準決勝前の声出しでは、「大会ナンバーワンのチームワーク」と選手たちに賛辞を贈ったが、それはダルビッシュがいたからこそ、築かれたものといえる。

最たる例が、宇田川優希投手（オリックス・バファローズ）へのアプローチだろう。昨季途中に育成契約から支配下登録され、あっという間に勝利の方程式を担って日本一に輝き、ついには日本代表にまで上り詰めたシンデレラ右腕は当初、チームになじめなかった。そんな宇田川に、若き日の「人見知り」だった自分を重ね合わせたのかもしれない。

キャンプ休日の昼間に、オリックスの同僚・山本由伸投手を介し、半ば強引に外に連れ出し、チーム宿舎裏の池にあるスワンボートでひと遊び。さらに近くの海岸で語り合い、交流を深めた。その後、夜の「宇田川会」につなげていった。——メディアはそう伝えている。

「未成年喫煙」騒動でヒルマン監督から激励

ダルビッシュの心優しい気遣いは、年齢を重ねて培われたものではない。

私が報知新聞社で北海道日本ハムファイターズの担当記者を務めていた2008年は、現読売ジャイアンツの中田翔が鳴り物入りで入団した年。当時の高校通算最多記録だった87本塁打の実績を引っ提げていた中田だったが、打撃も守備も、当時は一軍レベルには程遠かった。

しかしながら、1月の新人合同自主トレ、2月の沖縄・名護キャンプでは、派手な言動が連日、大きく報じられた。周りの野手は面白く思わなかっただろう。日を追うごとに、チームメートとの距離が生まれてしまった。

そんな高卒新人に手を差し伸べたのが、まだ21歳のダルビッシュだった。

「放っておこうと思えば、放っておけたけど、タバコとか、そういう面で同じことになってしまってはいけない」。

彼が言う「タバコ」とは、自身が入団1年目だった2005年の春季キャンプ中に、パチンコ店での未成年喫煙を週刊誌に撮られ、世間からのバッシングにさらされた時を指す。

「第二の僕をつくるわけにいかなかったから」と世話役を買って出た。オープン戦途中で中田が二軍落ちするまでは、毎朝のように部屋をノックして起こし、食欲を失いかけるほど疲弊していたルーキーに、無理を強いてでも、朝食を口に入れるように仕向けた。

ダルビッシュは18歳で〝痛み〟を知った。そこで幸運だったのは、支えになった存在がいたことだ。

「タバコ」騒動では、当時の日本ハムを率いていたトレイ・ヒルマン監督に救われた。二軍キャンプ地の沖縄・東風平（こちんだ）から、一軍キャンプ地の名護に呼び出され、「選手やコーチからは『何だ、こいつ』『雰囲気悪くしやがって』と冷ややかな目で見られました」という状況下。それでも、ヒルマン監督からは「終わったことだし、仕方がないこと。これも一つの勉強だ。また、次に会う時には、しっかり一軍の戦力になれるように、（二軍本拠地の）鎌ケ谷で頑張ってきてくれ。俺たちは待っているぞ！」と温かい言葉をかけられた。

担当記者時代に聞いた、このエピソードは、本人も「転機」と認めており、弱者・苦しんでいる人に対して、寄り添える素養が備わった。

決勝直後、ダルビッシュは大谷とマウンドで抱擁

ダルビッシュは今大会で3試合（1次ラウンド、準決勝、決勝）に登板

asics

退職の挨拶に ダルから予期せぬ返事

ダルビッシュは、私にとっても大恩人だ。2018年2月、当時36歳の私は「うつ病」を発症し、約1年の休職を余儀なくされた。復職後も心身は不安定なままで、さらに2度の休職を挟み、2021年4月限りで、17年間在籍した報知新聞社を辞めた。

ダルビッシュには、SNSを通じて報告した。うつ病と退職。2つの出来事を複合しての文面だったが、彼からは予期せぬ内容の返信が届いた。

「うつ病…想像もできないぐらいだったと思いますが、こうしてメッセージのやりとりをしているということは打ち勝ってきているんですね。生意気ですが、本当にすごいことだと思います」

病気になって以降、究極のネガティブ人間と化していたなかで目にした「打ち勝つ」「すごい」のポジティブワードは、とてもまぶしく映り、感激の涙が止まらなかった。そして、文末には「また是非取材してください」と添えられていた。「いや、俺、マスコミの世界から離れるんだけどな……」と思ったが、そんな返信をすることは野暮だと思い、控えた。

報知新聞社を辞めたあと、私は職を転々とした。正確に言えば、転々とせ

ざるを得なかった。せっかくダルビッシュから熱いメッセージをもらったのに情けない限りだが、体力的にも精神的にも好調は長く続かず、気付けば布団から出られなくなる日々が増え、働けなくなった。それだけでなく、極度の倦怠感から、風呂に入る、歯を磨くといった、小学生でも身に付いている習慣さえも失ってしまった。

SNSの投稿を見て ダルがいち早く返信

2022年は年明けから無職だった。社会復帰の青写真は描けず、都内の自宅で引きこもる日々が続いた。抗うつ薬も抗不安薬も睡眠導入剤も、長く服用していると、効果が実感できなくなり、薬物の過剰摂取を意味する「オーバードーズ」の機会が増えた。その年の3月。絶望感に打ちひしがれていた私は、薬の写真を撮影し、「こんな人生誰かにくれてやるよ」という文面とともにSNSにアップした。誰かの同情を誘いたかったのか、現実逃避したかったのか……動機は覚えていない。完全に自暴自棄に陥っていた。

この投稿を見て、いち早く反応したのがダルビッシュだった。

「今井さんお疲れ様です！ 鬱、大変そうですね。それでも今日もまた生きているところが本当にすごいなと思います。サンディエゴで取材してもらえる日を楽しみにしています！」

彼は再び「すごい」という言葉を使ってくれた。「ダルビッシュのような凄い選手に2度も、『すごい』って言われる俺って、本当は凄いのかな?」。自分自身に〝暗示〟をかけたことで、真っ暗闇に一筋の光が差し込んだ。

ダルビッシュからは「体調がいい時に」という条件付きで、「朝散歩」を勧められた。太陽光を浴び、体内で「セロトニン」が分泌され、血圧や体温を上げ、脳の働きを活性化させることが目的だ。ダルビッシュ自身も2021年12月から週5日ペースで始めたルーティンとのことで、「体脂肪も落ちましたし、一日中元気な日が増えました。1分だけでも外に出て、日光を浴びれば、多少は変わるはずです」と明かしてくれた。

引きこもりの身には高いハードルだったが、自宅近くのカフェへ、モーニングセットを販売している午前10時30分までに入店することを日課としたら、緩やかながらも回復を実感できた。その背景には、当時レギュラーシーズン16勝を挙げた彼の大活躍によって、もたらされた刺激もあった。

「サンディエゴで取材して もらえる日を楽しみに」

私はその年の9月から外資系の損害保険会社に勤め、これを執筆している4月で入社8カ月目を迎えた。恥ずかしながら、報知新聞社退職後では一番長続きしている仕事だ。現職の同僚からは時々、「また記者に戻りたい気持ちはないの?」と尋ねられるが、自分でも答えを口にできない。「サンディエゴで取材してもらえる日を楽しみにしています！」と記してくれたダルビッシュに応えたい気持ちは、もちろんある。だけれども、「やりたい」という意欲だけで、簡単に務まる業務ではないことは、十分にわかっている。さらには、継続して取材活動を全うできるだけの体力、気力を取り戻せる自信が今はない。取り戻せたとしても、年単位の時間を要するだろう。

だからこそ……と書いてしまうと虫がよすぎるが、ダルビッシュには健康第一で、1年でも長く現役を続けてもらいたいと願う。昨オフにパドレスと新たに6年契約を結んだことで、私には2028年シーズンまで〝猶予〟を与えられた。

発病以降、いくつもの夢や目標を手放した。でも、最近は潮目が変わった気がしている。2度も「すごい」と言ってくれたダルビッシュに対して、「直接『ありがとう』を伝えたい」というモチベーションが加わったからだ。WBCでダルビッシュが見せた優しさは一朝一夕に生まれたものではなく、若かりし頃に〝痛み〟を知り、本人が長年にわたって心を耕したからだ。

彼の人間力、その核心を知ってほしい——。そんな気持ちと、今後のさらなる活躍への祈りを込め、スポーツ紙時代の先輩からのオファーに久しぶりの筆を執った。

監督の次に胴上げされたダルビッシュ

初めて尽くしの大谷翔平 決勝戦9回「15球の真実」

中村悠平

Yuhei Nakamura

取材・文＝丸井乙生

決勝戦の9回、中村悠平捕手は
初めて大谷翔平とバッテリーを組み、
初めて大谷翔平の球を受けた。
MLB最高の投手と史上最強打線と対峙した男が語る
「15球の真実」――。

大谷翔平（ロサンゼルス・エンゼルス）が登板すると知ったのは、6回終了後だった。さらに言えば、中村悠平が大谷と初めてバッテリーを組むことを知った瞬間でもあった。

「決勝の登板は当日、6回が終わってからですかね。その時に初めて知りました。大会を通して、その回の守備を終えてベンチに戻ると、次の投手が伝達される流れだったんです。決勝の日は継投でいく〝中継ぎデー〟だったので、栗山監督から1イニングごとに『次、誰々が行くよ』という感じで伝えてもらっていました。そして、6回が終わってベンチに戻ったら、『7回、大勢（読売ジャイアンツ）で行くよ』と。7回に大勢ということは――8回、9回に投げる投手は予想がつくじゃないですか。ダルビッシュさん（サンディエゴ・パドレス）、大谷が二人とも投げるんだなと、その時に気付いたんです。大谷の球はブルペンでも受けたことがなかったですし、いよいよ終盤が始まるんだなという昂ぶりもあって、ソワソワしてきました。6回が終わってからは、大谷もブルペンに行ったりして、（日本ベンチは）慌ただしくなっていきました」

練習でもブルペンでも一度も受けたことがなかった

1次ラウンド2戦目の韓国戦、同ラウンド最終戦のオーストラリア戦、そして準決勝のメキシコ戦で先発マスクをかぶったが、大谷が登板する時は甲斐拓也（福岡ソフトバンクホークス）が捕手を務めていた。中村は練習、ブルペンでも大谷の球を一度も受けたことがなかった。

野手として躍動した証しである土が付いたユニホームで大谷がマウンドへ上がる。グラブで互いに口元を隠しながら、二人は打ち合わせを始めた。

優勝が決まった瞬間、中村（奥）、大谷がガッツポーズ

なかむら・ゆうへい
1990年生まれ、福井県出身。福井商では2年夏から2年連続甲子園出場。2008年ドラフト3位でヤクルト入団。名捕手・古田敦也氏の後任として期待され、21年リーグ優勝と日本一、22年リーグ連覇に貢献。ベストナイン、ゴールデングラブ賞ともに3度受賞。176センチ、83キロ。右投げ右打ち

バッテリー初の打ち合わせは、わずかか1点リードの9回、日本の勝利まであとアウト3つという最大のヤマ場だった。

「練習でも受けたことがないので、サインの打ち合わせを入念にしなくては、と思っていました。あとは、あの日は救援ということで、投球スタイルも先発とはちょっと変わることも踏まえて、どういう感じでいくのかという確認作業も。大谷からは『（ボールカウントで）追い込むまでは、基本的に甘めに構えていてください。追い込んでからは、ちょっと寄ってくれてもいいですよ』というような感じで言われたんです」

　1人目の左打者、ジェフ・マクニール（ニューヨーク・メッツ）を迎えた。昨季ナ・リーグ首位打者に対する初球、中村はまさしく甘めに構えながらスライダーのサインを出した。

「とにかく先頭打者を抑えたい。何でもいいからアウトになってくれ、という心境です。そして、本当はダメなのかもしれませんが、最終回の裏は日本の攻撃なので、まずは逆転されなければ、同点まではオッケーという意識でいました」

歴史に残る「大谷の15球」を初見で受けた中村

　140キロのスライダーは、内角低めに変化してファウル。

「横に結構曲がっているなという感じでした」

　大谷のスライダーは数種類あり、この1球目は斜めに落ちていく軌道だった。2球目は162キロ直球が内角にワンバウンド。3球目はスプリットが落ちず、高めに浮いた。続く4球目はスライダーが外角に外れ、3ボール1ストライクとなった。

　場内のアメリカファンが盛り上がる。5球目の159キロの内角直球は、ファウルされてフルカウント。続けて6球目にも直球のサインを出したところ、大谷がこのイニングで初めて首を振った。

「スライダーを投げたいという雰囲気がありました。自信を持っているのかな、そのほうがコントロールが利くのかなと感じました」

　大谷がリクエストしたスライダーは一塁線へのファウル。そして、真ん中低めに投じた7球目の直球はわずかにストライクゾーンを外れ、四球となった。再び場内に大歓声が響き渡り、大谷は唇を噛んだ。

「タオルで口をふさぎながらえずいていました」

　中村はこのWBCで人生最大の緊張感を味わっていた。

「とくに準決勝のメキシコ戦もそうでしたが、アメリカ戦も独特の雰囲気がありました。（緊張の度合いは）日本シリーズであっても、比べものにはならないくらい。僕の野球人生においても、大会全体が一番の緊張感でした。5試合出場したなかで、初戦の韓国戦が一番緊張したかもしれない。自分としては初めてWBCに出場しての初戦。もし負けたら1次ラウンド敗退の可能性も出てくるので、自分のなかで緊張を処理しきれていなかったところもありました。試合前はブルペンでの捕球が終わって、5分くらいベンチで待機していた時に、タオルで口をふさぎながら試合が始まるまでえずいていました。日本シリーズでも、ここ数年でも、こんなふうになったことはありませんでした」

　試合となれば、当日の朝から気を張るタイプ。しかし今回、侍ジャパンに参加したメジャーリーガーの姿を見て、思うところがあった。

「以前からオンとオフの切り替えはすごく大事だとは聞いていましたが、僕は試合当日、一日中緊張しているところがあります。でも、それだと疲れてしまうことが多い。今回侍ジャパンにいて、とても参考になったことはマインドの持ち方。（ラーズ・）ヌートバー

（セントルイス・カージナルス）を見ていて思いました。ヌートバーは試合前、室内練習場のティー打撃も、トレーニングルームでのストレッチも、リラックスした状態で取り組む。極端に言えば『やる気あるのかな』とツッコミたくなるほど、しっかりリラックスしているんです。それでいて、試合に入る前くらいから目つきが変わっていって、始まると同時にスイッチがオンになる。それは凄いと思いました」

「背負うものがあれば簡単に打たれない」

極限の緊張とも戦う決勝。3回に手応えを感じた場面があった。2回に先発・今永昇太（横浜ＤｅＮＡベイスターズ）が、トレイ・ターナー（フィラデルフィア・フィリーズ）に直球で先制弾を浴びた。その裏に打線は村上の本塁打などで逆転に成功し、3回は1点リードで迎えた。投手は戸郷翔征（読売ジャイアンツ）に代わり、2死から連続四球で一、二塁とされ、再びターナーを打席に迎えた。

「ターナーには1打席目で本塁打を打たれて、3回の2打席目は2死一、二塁。ものすごく嫌なわけですよ。前の打席であんなふうに本塁打を打たれると、次の打席はインコースに行きづらいんです。しかも真っすぐ系はなおさらです。でも、2打席目はカウント1－1からインコース高めにツーシームでいった。振り返ると、自分なりによくあそこで勇気を出していったなと思います。結局、ファウルを取ったその1球が効いて、次の4球目のフォークを振ってくれました（空振り三振）。ちょっと怖くなって、ツーシームにした3球目をフォークにして見逃されていたら、カウントも苦しくなるし、次に甘くなった球を打たれていたかもしれないし、展開も変わっていたかもしれない。

もちろん、これだけ能力の高い投手陣が揃っているからなのですが、背負うものがあれば、世界の強打者にもそう簡単に打たれないんだと強く感じました。あの1球は、僕にとって大きかった」

真っスラで併殺打「ほぼ確信しました」

大詰めの9回、無死一塁。マクニールには代走のボビー・ウィットJr.（カンザスシティ・ロイヤルズ）が送られた。決勝の序盤に得た勇気を胸に、中村は続くムーキー・ベッツ（ロサンゼルス・ドジャース）攻略に頭を巡らせた。ＭＬＢを代表する右打者であり、優勝請負人の異名をとる。首位打者とＭＶＰを獲得した２０１８年にはボストン・レッドソックスを、２０２０年にはロサンゼルス・ドジャースをワールドシリーズ優勝に導いた。

「とにかく一人ひとりアウトを取っていこう。一番大事なことは、つながせないこと」

1球目は外寄りの１５７キロ直球でストライク。2球目にスライダーのサインを出すと大谷が首を振り、外角への１５７キロで二塁への併殺打に仕留めた。

「1球目に真っすぐでストライクが取れたので、次はスライダーと思ったら、『真っすぐを投げたい』と。2球目は、どちらと言えば真っスラ（直球がややスライダー気味に変化する球）でした。外に逃げていく球で、力強さもあったので押し込めた。相手打者にしてみれば差し込まれましたよね」

これで、優勝までアウト1つに迫った。

「ゲッツーに打ち取った時点で、ほぼ確信しました。いけるなと。それまでは思わなかったですが、あの瞬間に思いました」

1点リードの9回2死、走者なし。3度のＭＶＰ受賞で現役最高打者との呼び声高いマイク・トラウトが打席に入る。大谷とはエンゼルスのチームメート。世界一を決めるにふさわしい舞台が整った。中村はその光景を〝特等席〟で見つめていた。

「大谷が投げて、トラウトが打席にいて、自分が受けて、という光景は、もう何て言うんだろう——大谷は決勝前に『憧れるのをやめましょう』と言いましたし、ＭＬＢが好きな僕も確かにそうだと思いました。でも、あの時だけはちょっともう……興奮しました。こんな光景、僕にしか見れないんだろうなと」

このイニングで10球目となるトラウトへの初球は低めに外れるスライダー。トラウトは悠然と見送った。2球目は真ん中低めの１６０キロ直球で空振りを奪う。以降は4球連続ストレート。うち2球はボールとなったが、トラウトは4球目でも空振りしている。

「スライダーも真っすぐも超一級品じゃないですか。ワンボールになってから、じゃあ、次は真っすぐで攻めていこうかなと」

直球狙いのトラウトに「最後にすんごい球が来ました」

フルカウントからの6球目。中村はスライダーのサインを出した。大谷のスライダーは数種類あり、先頭のマクニールへの初球のような斜めに落ちるバージョン、ほかに右打者の内角ボールゾーンからストライクゾーンに入ってくるパターンもある。そして、大き

く横滑りする「スイーパー」。通常のスライダーは18～20センチほど曲がるが、大谷のスイーパーは平均で18インチ（約45・7センチ）変化するといわれる。ホームベースの幅17インチ（約43・2センチ）をも越えるのだ。

「スライダーにした理由はいろいろあります。フルカウントになったことで、打者の狙い球は真っすぐの比重が高めになる。トラウトは真っすぐで空振りした時は遅れて振っていた。そうなると本人は当然意識するので、真っすぐに合わせてくるだろうと考えました。初球のスライダーの時の反応も理由です。どんな感じなのかと軌道を確認しているようなそぶりで見送っていた。打ちにいっている感じではなかったんです。最悪なのは一発を打たれることなので、スライダーがベストな選択だったのかなと。そうしたら、最後にすんごい球が来ました」

そのスライダーは真ん中から外角へ大きく水平に曲がり、トラウトのバットは空を切った。「スイーパー」だった。

中村は試合直後、この15球目がスローモーションのように見え、気づいたらミットに入っていたと振り返っている。超集中状態の「ゾーン」に入っ

中村、大谷のバッテリーが抱き合い、歓喜の輪ができた

たのだろうか。

「その瞬間だけ入ったのかもしれませんね。本当にスローモーションみたいな感じだったんです。ボールが（大谷の指先から）出てから、最後に自分のミットに収まるまで。今までにないような感覚でした」

「かけがえのない体験。ずっと活躍して、また出たい」

ローンデポ・パークから神宮球場に舞台を変え、ヤクルトは球団史上初のリーグ3連覇に向けて首位をひた走る（4月22日時点）。しかし、中村は打率1割台と苦しんでいる。

「シーズンへの切り替えは最初、すごく難しかった。3月上旬にピークを持っていったことも初めてで、今は体のコンディションもよくないと感じます。そのなかで個人的に結果も出ていないと、何かを変えようとする。そうすると違う方向へ行ってしまうこともある。なかなか適応できていないですね。でも、こんな経験も初めてですから。プロとして対応して、一日一日を無駄にせずにやっていきたいと思います。WBCはかけがえのない体験。第一線でずっと活躍して、また出たい。だから、レベルアップしなくてはいけない。まだまだ、もっともっと」

WBC 2023
「侍ジャパン」メンバー
1
鉄壁の投手陣
14
佐々木朗希
千葉ロッテマリーンズ
Roki Sasaki
JAPAN
21
Shota Imanaga
今永昇太
横浜DeNAベイスターズ
JAPAN
15
大勢
読売ジャイアンツ
Taisei
JAPAN

17
伊藤大海
北海道日本ハムファイターズ
Hiromi Itoh
28
髙橋宏斗
中日ドラゴンズ
Hiroto Takahashi
18
山本由伸
オリックス・バファローズ
Yoshinobu Yamamoto

11
Yu Darvish
ダルビッシュ有
サンディエゴ・パドレス
湯浅京己
阪神タイガース
22
Atsuki Yuasa
Shosei Togo
戸郷翔征
読売ジャイアンツ

高橋奎二
東京ヤクルトスワローズ

宇田川優希
オリックス・バファローズ

松井裕樹
東北楽天ゴールデンイーグルス

宮城大弥
オリックス・バファローズ

WBC5大会連続で
「侍ジャパン」に同行
ベテラントレーナーの証言

ダルビッシュと大谷翔平がチームにもたらした「革命」

トレーナーとして野球日本代表に携わって35年。河野徳良氏は、WBCでは2006年第1回大会から全5大会に同行してきた。源田壮亮「強行出場」の舞台裏、大谷翔平、ダルビッシュ有がチームにもたらした〝財産〟……。今回の日本代表はこれまでと何が違ったのか。

取材・文＝矢崎良一

今回のWBC、侍ジャパンには4人のオフィシャルトレーナーが同行していた。それを束ねるチーフトレーナーの立場にあったのが河野徳良氏だ。1988年の野球世界選手権（イタリア）を皮切りに、五輪、ユニバーシアード、プレミア12といった日本代表の出場する数多くの大会を担当。WBCは第1回から全大会に関わってきた。

　トレーナーの立場から見た今回のWBCは、過去4大会を含め、どの国際大会とも違っていたという。それは、侍ジャパンの選手たちがMLB流の調整法を取り入れたからだった。

「仕事の量という面で、これまでで一番楽だったんです。プロの投手はブルペンに向かう前のマッサージがルーティンのようになっていました。トレーナー室にはマッサージの順番を書いたホワイトボードが置かれ、ベンチに入らない3人のトレーナーが試合前から休む間もなくマッサージやストレッチを行っていました。

　ところが今回、ダルビッシュ有投手（サンディエゴ・パドレス）、大谷翔平選手（ロサンゼルス・エンゼルス）が合流してみると、彼らは試合前にマッサージをする習慣がない。MLBではだいぶ前から試合前のマッサージはやらなくなっています。もともと、トレーナー視点で『投げる前のマッサージはどうなのだろう？』という疑問がありましたが、アメリカではトレーナーの学会などで新たな学説が出ると、現場は素早く反応します」

ダル&大谷はアイシングなし 最新の調整法が浸透

　さらに、アイシングでも大きな変化があった。戦前の日本では、沢村栄治（当時東京ジャイアンツ）は投球後に肩の熱をとるために馬肉を張り付け、1980年代にはマサカリ投法の村田兆治（当時ロッテ・オリオンズ）が氷入りの水で肘を冷やしていた。東京2020五輪でも投手陣は当たり前のようにアイシングを行っていたが、今回は1～2人だけだったという。

「アイシングもアメリカでは疲労回復にあまり効果はないというエビデンスが出てきて、ダルビッシュ投手と大谷選手に聞いたら『しないですね』と。二人がやらないので、NPBの選手もほとんどやらなくなっていきました。今まで国際大会では、アイシングのセットを何十個も用意していました。今回も同じだけ用意していたのですが、使った数が極端に少なかったです。近年の選手はMLB志向が強いので、『MLBの選手はそうなんだ』という気持ちになるのも当たり前。画期的な変化のあった大会と言えます」

　河野氏は年々、日本代表のプロ野球選手、とくにトッププレーヤーの自己管理能力は高くなっている、と実感してきた。しかし、今大会は過去の4大会と比較しても、選手たちが自分の体について最も気付きのあった大会だととらえている。

「トレーナーに対して、ダルビッシュ投手からは『股関節を締めてください』といった具体的な部位を挙げたピンポイントの要望があったり、大谷選手は自身で行っている器具を使ったケアで、自分の手が届かないところを『やってもらえますか』とお願いしたりすることもありました。彼らは上から下までトレーナー任せで全部ほぐしてもらうのではなく、投げる時に力のかかる方向と反対側に負荷をかけてバランスを整えるトレーニングで疲労を回復させていました。二人の動きを間近で見て、NPBの選手たちも自分に取り入れたことがたくさんあったはずです」

　今回の侍ジャパンの出場メンバーやスタッフは、口を揃えて「いいチームでした」と答えている。1988年世界選手権以来、歴代の日本代表を内側から見つめてきた河野氏は、説得力をもって断言する。

「飛び抜けていいチームでした。たとえばアマチュアの代表チームなら、朝は何時に起きて、散歩と体操、何時から朝食……と、細かく指示が出ます。そういう私生活の行動を含めた規律を全員が守ることでいいチームができていくという価値観です。プロのチームでは、そういうことはあまり言いません。まさに自己管理。私も以前は、『そんなことで勝てるのかな？』と疑問でした。でも、プロは勝つことでチームが一つにまとまるんですね。そして今大会は、最初からよくて、そのよい状態のまま優勝した。かなり希有な大会だったと思います」

チーム結束最大の理由は 〝ダルビッシュの献身〟

　なぜそんな理想的なチームがつくれたのか？

　河野氏は多くの選手、スタッフの貢献を挙げながらも、やはり最後は〝ダルビッシュの献身に尽きる〟と証言する。河野氏は2009年の第2回WBC、当時23歳のダルビッシュを笑顔とともに振り返った。

「あの頃、彼は若くてヤンチャでした。マッサージ用のパウダーローションをカバンにふりかけるイタズラをされたこともあります。今回のチーム合流時に、『あの時のイタズラ、覚えてる？』と聞くと、『いやあ、覚えてないです』

2月に行われた日本代表の宮崎合宿で戸郷にアドバイスをするダルビッシュ

と（笑）。見違えるように人間的にも成長して、本当に大人になっていました」

ダルビッシュは河野氏にこう言ったという。「僕は（ほかの選手に）聞かれたことは何でも教えようと思います。その代わり、僕も（山本）由伸投手（オリックス・バファローズ）や佐々木（朗希）投手（千葉ロッテマリーンズ）……みんなのいいところを盗みたい。なぜかというと、僕も成長したいんです」

言葉だけではなく、実践していた。ある日のトレーニング室で、黙々と見慣れないメニューを行っていた。聞けば、「由伸に教えてもらったので、やってみてよかったら自分も取り入れようと思って」。35歳となったダルビッシュの言動、行動に、河野氏は感心させられることばかりだった。

「『俺はメジャーリーガーだ。俺の一挙手一投足を見ろ』ではなく、日本の投手たちと同じ目線に立って声をかけてくれていた。『今のボールはどうやって投げているの？』と聞き、『なるほど』とうなずいて、自分も真似てやってみたりしながら、『それなら、こういうのはどう？』という感じで意見交換している。学校の先生のような姿でした。

彼自身はこの大会、本調子ではなかったんです。アメリカでほとんど調整することなく日本に来て、自分のことをそっちのけで、ほかの選手たちとのコミュニケーションに時間を費やしていたんですから」

ダルビッシュは選手たちにアドバイスを送る一方で、「日本の投手は凄い」と感心していたという。変化球の握りと投げ方のポイントを伝えると、すぐにマスターしてしまう。アメリカで同じように選手に教えても、細かい指先の操作があまりできないため、なかなかうまく伝わらない。それが、日本の投手にはできてしまう。その理由を考え込むダルビッシュに、河野氏は「日本がお箸の文化だからだよ」と自説を論じた。

「（アメリカの）フォークとお箸の違いですね。日本人は子どもの頃から普通に箸を使って食事をする生活のなかで、手先、指先が自然に器用になっていく。トレーナーの世界でもそうなんです。『日本のセラピストは（施術が）うまい』と言われるのは、この手先、指先の器用さがあるからだと思います。そう考えると、ダルビッシュ投手や大谷選手はアメリカ人と同等、いや、それ以上の体格があって、日本人特有の器用さも併せ持っているのだから、MLBで成績を出すのは当然なんですよね」

源田は特殊なギプス包帯を巻いて、準決勝、決勝を乗り越えた

侍ジャパン最大の危機 源田骨折の舞台裏

今大会の侍ジャパンにとって最大の危機となったのが、1次ラウンドでの源田壮亮（埼玉西武ライオンズ）の故障（右手小指骨折）だろう。この時、舞台裏ではどんなことが起こっていたのか？

「あのプレーのあと、ベンチに戻ってきた源田選手の手を見ると、小指が外を向いていました。レントゲンを撮らなければ何も言えませんが、最悪の状況は想像できました。栗山英樹監督に『こんな状態です。今から病院に行かせます』と伝えると、『ああー。そうか』とため息をつくような表情でした。

ところが本人は、『まったく痛くない』と言い張ります。そんなこと、絶対にあり得ません。大会が終わったあとに、『本当に痛くなかったの？』と聞いたら、やっぱり『痛かったです』と白状していました。今だから言えることですが、メディカル的には、何か治療や手当てをして野球ができる状況ではありませんでした。相当な痛みがあったはずです。ただ、『痛くない』という言葉はウソではない。彼の痛さの基準は、その痛みで野球ができるかできないか。野球ができる、イコール〝痛くない〟なんです。これでメシを食っている、お金を稼いでいる、プロとしての考え方ですね。

　美談のように伝えられていますが、究極の判断だったと思います。栗山監督には『このままプレーを続けると、シーズンに影響が及ぶ可能性があります』と伝えました。監督も、『そうだよな』とうなずかれました。それでも、本人は『絶対に出ます』と言い張る。そうなると、彼が所属する西武に判断してもらうしかありません。栗山監督から西武の渡辺久信GMに連絡すると、最後は『本人の意思通りにしてほしい』という回答だったそうです。球団としては、ここは日本の野球界のために、今、必要であるならば起用してくれという、まさに〝漢気（おとこぎ）〟ですね。

　そうなれば、もうメディカルうんぬんの話ではありません。我々はトレーナーという立場で意見を言いましたが、最終的に決めるのはチームのトップである監督です。監督が『出す』と決めたのであれば、全力でサポートするのが我々の役割なんです」

特殊ギプスで試行錯誤 トレーナー一丸の工夫

　打撃でも守備でも、患部への衝撃をやわらげる必要がある。グリップエンドにテープをぐるぐる巻きにしてクッションにしたバットを「使用可能か？」とテクニカルコミッショナーに確認すると、OKが出た。

「プライトン」という、特殊なポリエステル樹脂製のギプス包帯がある。熱湯をかけると軟らかくなり、その状態で患部に合わせて巻くと、温度が下がれば石こう化してギプスで固めた状態になる。これを使用したのだが、本来であれば守備と打撃では指の角度を変えなくてはならない。だが、スパイクを履き替えるように攻守交代のたびに変えている時間はない。

　西武のトレーナーはIDカードの関係で球場のバックヤードには入れないため、待機する宿舎でスマホに撮った映像を送り、トレーナー陣とドクターを交えて試行錯誤しながら、最後は源田本人が「これで行きましょう」と納得した形で固めて出場し、ゲーム後に「もうちょっとこうしたい」とまた話し合う。そうやって1試合ごとに乗り切った。

　大会後、チームの解散式で栗山監督に声をかけられた河野氏は、「源ちゃんのこと、上同士で話を決めちゃって、ごめんね」と頭を下げられた。もちろん、何のわだかまりもない。「いやいやいや」と恐縮するしかなかった。

　河野氏は2021年秋のプレミア12でも、秋山翔吾（広島東洋カープ）が足を骨折しながら「大丈夫です」と言ってプレーする姿を見ている。

「人間の力は凄い。これだけの大会だから、できることなんです。逆に通常のシーズン中の試合であれば、休まなければいけない。後遺症のリスクもあるし、選手生命に影響するかもしれないですから。そういう意味では、WBCとか五輪は、トレーナーのレベルを選手たちが超えてしまう大会なんですね」

代表スタッフの仕事は 選手の「普段」を見守る

　白井一幸ヘッドコーチと、大会中にこんな話をしたことがあった。「代表チームのコーチの、一番の仕事って何ですか？」と聞くと、白井ヘッドコーチは「そんなの決まってんじゃん。何もしないことだよ」と答えた。個々の選手が何をしたらいいのか、みんなわかっている。調子が悪くても「こうしたほうがいい」などと言う必要はない。「彼らがやることをただ見守るだけ」。

「私も、彼らが普段やっていること、たとえば何キロのダンベルを挙げているなら、それを用意して、普段通りにやってもらっています。そのルーティンを普段通りにやれるように調整するのが我々トレーナーの役割だと思っています。逆に『もっとこうやれ』と言う人には、代表チームではできないと思います。だって、それ以上の選手たちが来ているんですから」

　河野氏が自分の考えを言うと、白井ヘッドコーチは「じゃあ僕ら（コーチ）と同じだね」とうなずいていた。

こうの・とくよし

1964年生まれ。日本体育大、日本鍼灸（しんきゅう）理療専門学校（花田学園）を経てインディアナ州立大学大学院アスレティックトレーニング学修士課程修了。88年世界選手権で初めて野球日本代表に同行。五輪は2000年シドニーをはじめ、東京2020大会にも同行。日本体育大保健医療学部准教授

「最高のチーム」が最強のチームになる

白井一幸
Kazuyuki Shirai

なぜ我々は「侍ジャパン」の戦いにあれほど熱狂し、
感動したのか。強さだけではない「何か」が
このチームには間違いなくあった。
ヘッドコーチを務めた白井一幸氏は
大谷、ダルビッシュ、ヌートバーが
このチームを変えたキーマンだと語る。

取材・文＝平尾類

WBCで世界一を奪還した激闘から2週間あまりが経過した4月8日。侍ジャパンでヘッドコーチを務め、栗山英樹監督を支えた白井一幸氏は穏やかな表情を浮かべていた。

「多くのメディアに大きく取り上げてもらいましたし、思った以上に周りの反響が大きいですね。日本に帰国して一番凄いなと思ったのは、『おめでとうございます』より、『感動をありがとうございます』と声をかけられるほうが圧倒的に多いこと。私たちは多くの方々の応援が大きなパワーになっていましたが、感動を届けることができたんだなあと。ありがたいですよね」

栗山監督と白井氏は1961年生まれの同学年。北海道日本ハムファイターズでは栗山監督時代、4年間コーチを務めており（2014〜2017年）、結ばれた絆は固い。栗山氏が侍ジャパンの監督に就任した際、「一緒にやろう。力になってくれ。カズ（白井氏）がやらないなら、俺もやらないぞ」と声をかけられた。

「その信頼に何が何でも応える思いでした」

白井氏は、栗山監督をこう評する。

「ファイターズ時代から監督は信じる力がすごく強い人。信じる人はたくさんいるけど、栗山監督は任せきる人なんです。任せきったら、どんな結果が出ても自分で責任を負う。結果が悪くても、『いつも全力を尽くしてくれてありがとう』『何とかしようとしてくれてありがとう』『試合にすべてのことを出してくれてありがとう』と言える。すべての結果を受け入れて感謝する。信じて、任せて、感謝する。このサイクルから少しも外れない。この信念を貫く指導者はなかなかいません。彼は信頼されるより、『信頼する人』。多くの人は信頼されたいと思うけれど、信頼されるかどうかは相手が決める。栗山監督は『信頼する人』なんです」

しらい・かずゆき
1961年生まれ、香川県出身。志度商（当時）ー駒澤大。83年ドラフト1位で日本ハム入団。走攻守の三拍子そろった内野手として活躍し、通算1187試合、打率.246、49本塁打、334打点。引退後はヤンキースへコーチ留学し、日本ハム、DeNAでコーチを歴任。ロイヤルズの特別コーチも

3月3日、侍ジャパンに合流した大谷は白井ヘッドコーチにいきなり体当たり。5年の空白は笑顔で一瞬にして埋まった

「たっちゃん」ことヌートバー（中央）が見せた「ペッパーミル」パフォーマンスが浸透、大谷（右から3番目）も一緒に

その信念を象徴するひとつが、村上宗隆（東京ヤクルトスワローズ）の起用法だった。「不動の4番」と期待されたが、強化試合、壮行試合で状態が上がらず、1次ラウンドも4試合で14打数2安打、打率1割4分3厘と精彩を欠いた。準々決勝のイタリア戦で打順は5番に「降格」。準決勝のメキシコ戦では3打席連続三振に倒れるなど9回の打席まで4打数無安打とブレーキになっていた。しかし、栗山監督は最後まで代打を送らなかった。

指揮官の思いは最高のフィナーレで結実する。

準決勝の9回裏、無死一、二塁の好機で迎えた村上の5打席目。そのまま打席に送ると犠打のサインも出さなかった。城石憲之内野守備・走塁兼作戦コーチを通じて出した指示は「思いっきり行ってこい」の一言。最年少三冠王は中越えに逆転サヨナラ適時二塁打を放ち、鮮やかに勝負を決めた。

「結果をなかなか出せなかった村上選手を起用し続けたことに賛否両論……ではなく、否定的な見方のほうが多かったと思います。もし打たなかったら、『だから負けたんだ』『何で外さなかったんだ』となる。でも、私に驚きはなかった。いくら村上選手の調子が悪くても、栗山監督は外さないと思ったし、私も『交代させましょう』とは絶対に言わなかった。監督の性格は知っていますし、後押しをするだけです」

侍ジャパンの監督には大きな重圧がかかる。白井氏は「日に日に痩せてげっそりしていくのを感じていた」と明かす。だからこそ、参謀として心がけていたことがあった。

「何かあった時に、いつでも力になれるように。言い方はあれですけど、寄り添うだけですよね。強化試合で村上選手を6番にした時に、『ちょっと打順を変えて楽に打たせてやろうと思うんだけど、どう思う？』と聞かれました。私は長い付き合いだから栗山監督の性格を知っている。監督が考えに考えて、自分のなかで答えを出して、『どう思う？』と言った時は、『監督の思い通りにやることが一番だと思いますよ』と背中を押す。『この2人だったら、どっちを使ったほうがいい？』と聞かれたら、迷っている時です。私は『100%、200%、こっちの選手がいいです』とあえて強い言い方をする。私が迷っていると決断を後押しできないですから。本当に迷っている時は選択肢を明確に提示する。その関係性は今大会でも大事にしていました」

今大会は栗山監督、白井ヘッドコーチと縁が深い日本ハム出身の選手たちがキーマンとなった。大谷翔平（ロサンゼルス・エンゼルス）、ダルビッシュ有（サンディエゴ・パドレス）、近藤健介（福岡ソフトバンクホークス）、伊藤大海（日本ハム）……そして、大谷とは約5年ぶりの再会だった。大谷が侍ジャパンに合流した際、グラウンド上で白井氏に体当たりした微笑ましい光景が話題を呼んだ。だが、この行動には深い意味が隠されていたという。

大谷翔平は成績や数字だけを追い求めているのではない

「この5年間のブランクは、私にとっても大きかった。ファイターズ時代はいつでも声をかけたり、かけ合ったりする身近な存在だったけれど、今はMLBを代表する選手になった。5年の空白期間で、勝手にこちらが距離を感じていた部分もあったと思います。よそよそしくしていたように映ったかもしれない。親しみをもっての体当たりには、『白井さん大丈夫ですよ、何でそんなによそよそしいんですか』というメッセージが込められているような感じがしました。空白の5年間を一気に埋めてくれたあの行動に感謝しているんです。ほかの選手に対してもそう。メジャーリーガーとして大きくなればなるほど、周りは大谷翔平という存在にどうしても気後れしてしまう。でも、彼は自分から積極的にコミュニケーションを取って距離を縮めることを意識的にやっていたと思うんです。

彼は『世界一の選手になる』ことを目指していますが、それは世界一の成績や数字を出すだけではなく、世界で一番多くのファンに応援されたり、愛されたり、プラスの影響を与えたり、そういう存在になることを目指していると思うんです。だから、人との距離を決してつくらない。あんなにも多くの人に愛されて応援されている理由はここにある。目標達成型の選手が多いですが、彼は『目的達成型』の選手だと思います。目標達成型の選手は世界一になったことで気が抜けたり、小さなバーンアウトになったりしますが、大谷選手はエンゼルスのユニホームになれば、完全に気持ちが切り替わる。ある意味、ゴールがない高みを目指している。だから、燃え尽きることがない。この姿勢はファイターズ時代から変わってないと感じましたね」

大きな志は月日が経ってもブレない一方で、今回のWBCでは喜怒哀楽を前面に出した姿が印象的だった。先発登板した準々決勝のイタリア戦では1球投げるごとに雄叫びを上げ、準決勝のメキシコ戦では1点差を追いかける9回に右中間へ二塁打を放つと、三塁ベンチに向かって両手を何度も上げてナインを鼓舞する姿を見せた。

「ファイターズ時代は若かったこともあって自分が前に出て引っ張ることはなかったけれど、今回はリーダーシップを発揮していたことが印象深かった。プレーだけでなく、雄叫びを上げたりして気迫を前面に出し、体全体で気を発しながらチームを引っ張っていた。その部分では変わった姿を見せてくれましたね。我々が望む期待以上の結果を残してくれたと思いますし、本当に心強かったです」

決勝の米国戦は大谷が9回から救援登板し、最後はエンゼルスのチームメート、マイク・トラウトを空振り三振に仕留めた。3－2と1点リードで一発が出れば同点に追いつかれる緊迫した場面だったが、白井氏の思いは違った。

「みんな固唾（かたず）をのんで見ていたと思いますが、私は全然ドキドキしていなかったし、冷静でした。大谷翔平がこのシーンでコケるはずはない。見たことないですから。あの時も大谷選手が球場全体を巻き込む雰囲気になっていましたし、『大谷による、大谷のための大会』になっていた。試合の途中から映画を見ているような感覚になりましたね。

一方で、栗山監督は人の悪口や、批判するようなことを言うことは絶対しない人。チームの成長にいつも焦点を合わせて、徳を積んで人間力がある。こんな素晴らしい監督がいて大谷選手がいるのだから、勝つのはわかっているという感覚でした。絶対優勝する、疑う余地がなかった」

スポーツに対する向き合い方をチームに浸透させたダルビッシュ

大谷が大会MVPに輝いたが、白井氏が「陰のMVP」と絶賛する選手がダルビッシュだ。

MLB組でただ一人、宮崎県で行われた強化合宿から参加。グラウンド内外で積極的に選手たちと言葉を交わし、助言を与えるなど献身的な姿勢でチームを支えた。侍ジャパンの選手たちに

日米の野球に精通し、英語も堪能な白井ヘッドコーチ

「戦争に行くわけではない」「負けたら日本に帰れないというマインドで行ってほしくない。気負う必要はない」とメッセージを発信したことも印象深かった。

「若い選手が多いと、大きな大会では、重荷を背負って死に物ぐるいで戦うという悲壮感がどうしても出てしまう。彼も大谷選手と同様に、若手から見れば雲の上の存在だったと思いますが、積極的にコミュニケーションを取って、戦争に行くわけではない、スポーツだから楽しもうという発言をした。こういう場にいるからこそ重圧を排除するのではなく、重圧を味わって楽しむことが最高のパフォーマンスにつながると発信してくれた。日本のスポーツ界は『命がけでやれ』『目をつり上げてやれ』という風潮がいまだに強いなかで、誰もがスポーツは楽しくて始めたものなのだから、もっと楽しもう、乗り越えるものはたくさんある、緊張感や重圧もあるけれど、それも受け入れて楽しもうと。スポーツに対する向き合い方をチーム全体に浸透させてくれた。私も指導者として選手に同じようなメッセージを送ってきましたが、世界を知っている選手が伝えるのとでは影響力が全然違う。指導者として本当に助けられました」

ダルビッシュが伝えたかった思いに白井氏も共鳴していた。現役引退後にニューヨーク・ヤンキースでコーチ研修、カンザスシティ・ロイヤルズで特別コーチ兼スカウトアドバイザーを務めるなど異色の経歴を歩んできた。指導者としての知見を深める一方で、常に緊張を強いる「悪しき体育会気質」が日本のスポーツ界にはびこっていることを懸念していた。

「大谷選手、ダルビッシュ投手、ヌートバー選手（セントルイス・カージナルス）は試合前のロッカールームでは談笑してリラックスしているけれど、試合に入ったらスイッチの入れ方が凄い。日本の選手はこの姿に学ぶことは多かったと思います。私はリラックスの振り幅が集中力につながると思うんですよ。試合前のリラックスが20％だったら振り幅が40％、スイッチを入れても20％の集中力しか出せない。リラックス100％なら、『よし試合だぞ、行くぞ』と切り替われば、集中力が100％になる。私はこれがスポーツで一番大事だと思う。だからスポーツは楽しいんです。それが、試合前から『おい、緊張しとけよ』『リラックスするなよ』と声をかけるなどして、緊張感でピリピリした空気を強いるのは逆効果です。日本のスポーツ界は『失敗したら怒られる』『負けたら何か言われる』という風潮が今でも強い。負けないように、怒られないように、失敗しないようにプレーしているから試合前にリラックスできず、スイッチが入ってもエネルギーが小さい。それではダメなんです。『失敗を恐れないでやることをやれば大丈夫』というマインドを持つことでリラックス100％になって、成功だけにフォーカスでき、集中力100％につながる。日本のスポーツ界、野球界がこのことに気付いてほしいですね」

常に全力プレーのヌートバーが侍ジャパンの在り方を体現した

日の丸を背負う喜びにあふれ、全力プレーでファンの心をがっちりつかんだ選手がいる。日系人メジャーリーガーでWBCに初出場したヌートバーだった。

「ヌートバー選手は1次ラウンドの中国戦、一塁ゴロで全力疾走して二度もセーフになりました。野球選手は一塁ゴロが一番チャンスはないと思っていますから、全力疾走するのが実は難しいんです。普通はワンテンポの間が空いて走れない。でも、彼は常に一歩目から全力で走る。勝つか負けるかは勝負事ですが、どんな時でも全力でやろうよと。そこから感動が生まれる。実際に全力疾走したことで相手のミスを呼び込み、試合の流れを変えた。チームメートの信頼をつかんで、あっという間に溶け込んで、ファンの心もわしづかみにしましたよね。外野の守備でも好プレーを何度も見せてくれましたが、ヌートバー選手が人気者になった理由は、常に全力プレーの一生懸命さと野球に向き合う謙虚な姿勢だと思います。我々が目指していたプレースタイルで、侍ジャパンの在り方を体現したのがヌートバー選手だったと思います」

リードオフマンとしてチームを牽引するヌートバーの熱は、ほかの選手にも伝わっていく。投手はすべての球に魂を込め、守備陣はすべてのプレーでカバーを怠らなかった。ベンチに控えていた山川穂高（埼玉西武ライオンズ）は代打の切り札として役割を果たし、中野拓夢（阪神タイガース）は俊足巧打で躍動し、第3捕手の大城卓三（読売ジャイアンツ）も途中出場したメキシコ戦で好リードを見せ、逆転サヨナラ勝ちを呼び込んだ。代走の切り札・周東佑京（ソフトバンク）が同戦の9回に一塁走者で出場し、村上の一打でサヨナラの本塁生還をした好走塁も忘れられない。

「今回の侍ジャパンが、なぜ多くの方々にあれだけ感動してもらえたかと考えた時、全員がゴールに向かってすごく必死でやっていた一方で、楽しんでやっていたからだと思います。誰一人、勝利という目標からブレることなく、試合に出ていない選手もチームのために貢献できることは何なのかと常に考えてくれた。準決勝メキシコ戦の最後の場面は侍ジャパンを象徴したシーンだと思います。村上選手が苦しんでいた姿をみんな間近で見てきたので、『絶対いけるよ』という空気をつくった。あの苦しみは彼の成長につながると誰もが信じていたし、あの場面で満を持して代走で起用された周東選手も集中力を研ぎ澄ませて好判断でホームに還ってきてくれた。あの場面は30人全員が三塁コーチになった。みんなが同じ方向を向いている姿が自然に出ました」

「このチームで戦えなくなるのが寂しい」と選手たちが口を揃えた

強い絆で結ばれた侍ジャパンのチームづくりは、組織づくりでも参考になる点が多い。企業研修の講師を務める機会が多い白井氏は、「チーム・ビルディング」の本質について熱を込めた。

「チームは『心理的安全性の担保』『安心安全の空間をいかにつくるか』が重要です。私が考える心理的安全性を侍ジャパンは見事につくっていた。あれだけ個性的で、さまざまな価値観を持った選手たちがいるのに一瞬でまとまった。それは全員がゴールに向かって万全の準備をして、心が折れずに全力で進んだからです。メンバーが互いに信頼し合うから勇気づけられるし、成長につながる。全員が共有するゴールから一人も降りない。全員が同じ方向に進むから『安全安心の空間』になる。一人でも外れていたら、組織の安全性が担保されなくなってしまう。全員が同じ方向を向いているから、その空間にいるだけで幸せなんです。心理的安全性、安心安全空間が生まれているから、『このメンバーでもっと試合をしたい』『幸せな時間がもっと続いてほしい』と全員が感じられる。理想的な組織だったと思います」

決勝アメリカ戦の試合終了後。栗山監督や首脳陣、選手、チームスタッフが自然にハグを交わす光景が見られた。頂点に立った歓喜をかみしめる一方で、「このチームで戦えなくなるのが寂しい」と選手たちが口を揃えていた。

「みんなが『ありがとう』と感謝の思いを伝え合っていました。心の底から『幸せな時間だった』『最高の時間だった』と。私自身も栗山監督、コーチ、選手、チームスタッフやこのチームに携わってくれた全員に心から感謝しています。日本はハグの文化じゃないけれど自然に抱き合っていた。本当にみんな愛おしくて、みんなといるだけで幸せになるし、勇気が湧く。出場辞退した選手たちを含め、あの空間は誰一人欠けても生まれなかった。表彰台から見た景色は、そうですね——『世界一の景色、エベレストの頂上から見たようないい景色だなあ』と」

準決勝メキシコ戦、1点を追う9回に二塁打を放ち、大谷は塁上で「カモン！」とメンバーを鼓舞

侍ジャパンは「世界一になった」というだけで、ファンの心をつかんだわけではない。選手たちは日の丸を背負う重圧を感じながらも楽しむ気持ちを忘れず、見る人の心を突き動かすパフォーマンスを発揮した。

「勝ったから凄いのではなく、最高のチームが世界一になって最強のチームになった。最強のチームになるために最高のチームができたのが先です。これは野球だけでなく、会社も家族にも当てはまると思います。みんなが志を一つにして同じ方向を向けば、強い絆と大きな力が生まれる。今回の侍ジャパンは世界一という目標を達成しただけでなく、多くの方たちが野球、スポーツの素晴らしさを感じたと思います。この影響力を一過性で終わらせず、続けていくことが大事だと思います」

侍ジャパンの戦いぶりに何を感じたか。野球、スポーツの楽しさ、真剣勝負の末に生まれる国境を超えた友情、チームに携わるすべての人間が同じ方向を向き、己の役割を全力で全うする組織……。現場の最前線で頭をフル回転させた白井氏が紡ぐ言葉から、我々が学ぶべきことは非常に多い。

JAPAN
JAPAN
JAPAN

準決勝での村上の劇的な逆転サヨナラ打、
大谷のドラマチックな決勝リリーフ登板――。
今大会の栗山監督の「決断」は神がかり的だった。
マイアミ「奇跡の2日間」の裏側を
内野守備・走塁兼作戦コーチを務めた
ヤクルトの城石憲之コーチが語る。

村上の劇的打を生んだ栗山監督の信じ抜く力

城石憲之
Noriyuki Shiroishi

取材・文＝丸井乙生

指揮官の〝頭の中〟を垣間見た思いだった。2月から宮崎県内で行われた強化合宿期間中のことだ。日本代表で内野守備・走塁兼作戦コーチを務めた城石憲之（東京ヤクルトスワローズ二軍チーフ兼守備走塁コーチ）は、栗山英樹監督とグラウンドで立ち話をしている時に、思わぬ言葉を聞いた。

「監督が『アメリカでの決勝戦、ある投手がガッツポーズをしている絵が思い浮かぶ』と言ったんです。その時、僕は『監督のなかで（決勝までの）イメージができているんだな』と受け止めて聞き返さなかったのですが、『ある投手』とは、絶対に大谷翔平選手（ロサンゼルス・エンゼルス）だと思ったんです。日本代表にはレベルの高い投手が多くいますが、決勝で最後に投げるというところまでイメージできるとしたら、やはり大谷選手かなと。でも、その時期は大谷選手が決勝に登板すること自体も、ましてや最後に投げるなんてことも、『まさか』という段階でした」

当時はまだ、チームづくりを始めたばかり。ダルビッシュ有（サンディエゴ・パドレス）は宮崎の強化合宿から合流していたものの、この段階で大谷はまだアメリカで調整していた。にもかかわらず、栗山監督はすでに、決勝の最終回でマウンドに立つ投手として、大谷の姿を頭に描いていたというのだ。

決勝当日。1点リードの9回表、「3番・DH」で先発出場していた大谷は、ブルペンから拍手で送り出された。土がついたユニホームでクローザーとしてマウンドに立つ。先頭打者の昨季ナ・リーグ首位打者、ジェフ・マクニール（ニューヨーク・メッツ）に四球を与えたが、続く2018年MVPのムーキー・ベッツ（ロサンゼルス・ドジャース）を4－6－3の併殺打に仕留める。2死となり打席に立つのは、エンゼルスの同僚でMVP3度受賞の

しろいし・のりゆき
1973年生まれ、埼玉県出身。春日部共栄高－青山学院大中退。94年ドラフト5位で日本ハム入団。98年ヤクルト移籍以降は宮本慎也と二遊間を組んだ。2009年に引退し、通算817試合、打率.234、25本塁打、133打点。ヤクルトで10～14年、22年～、日本ハムでは15～21年コーチを歴任

栗山監督の横にいるイケメンは誰？　と話題にもなった城石コーチ（中央）

マイク・トラウト。息をのむ展開のなかフルカウントから渾身のスイーパーで空振り三振を奪いゲームセット。大谷はその瞬間、右拳をグッと握り締めた。栗山監督が頭の中に描いた〝絵〟は約1カ月後、現実のものとなった。

「監督とベンチで一緒にいて『あっ、これか』と思いました。大会が終わってから考えたんです。『あの絵の話は何だったのか』と。野球のこと、選手のこと、そしてチームのことを考えに考え抜いた人は絵のようにイメージが思い浮かぶのかなと。パッと思い浮かんだのではなく、その境地に至るほどに、いろんなことを考え尽くしたからなんでしょうね」

選手を100%リスペクトする それは日ハム時代から変わらない

城石コーチは2015年から北海道日本ハムファイターズのコーチ陣に加わり、翌2016年に一軍打撃コーチに就任した。2012年から日本ハムの監督を務めていた栗山監督とは、そこで深く関係することになった。

栗山監督は2021年、10年の長期政権を全うし退任するが、城石コーチも同年に退団。別のユニホームを着て再会しても、変わらぬ栗山イズムがそこにあった。

「たとえば選手交代の判断。WBCの場合は先の展開や延長戦を想定すると、交代の判断が難しいと感じる場面があります。でも、監督は選手をどんどん使っていく。勝負に対して監督本人の後悔がないように選手を起用する。この点はファイターズで一緒にやっている時から本当に変わらない。勝負師なんです。選手をリスペクトするという点でも、言うだけなら簡単ですが、栗山監督のベンチでの言動をずっと見てきて、本当に心の底から100%そう思ってくれているのだと感じる。僕らもコーチとして選手をリスペクトすることが基本ですが、僕はまだまだ未熟なので、どこかに意識しなければいけないことや邪念が入っていることもある。ですが、栗山監督の場合は100%です。選手たち、野球に対しても、チームに対しても。それはジャパンになっても一緒でした」

栗山監督は、侍ジャパンの選手全員に直筆の手紙を渡したほか、選手個々のことを把握するまで一人ひとりと話をしたという。

「僕はそれをあとになって知ったのですが、栗山監督が選手を100%リスペクトしていることの表れですよね。選手個人と話す時も真正面を向いて話をする。選手の能力をゲームで発揮させることに徹している。代表チームの選手たちは、技術を欲しているわけではないため、各選手の能力を最大限にゲームで出すことができるように導く。だからこそ、選手たちがあれほど躍動できたのだと思います」

野手としてプレーした土が左すねに付いたまま決勝に登板した大谷

城石コーチが指揮官の姿に驚いた試合はもう1試合ある。準決勝のメキシコ戦だ。互いに無得点で迎えた4回、先発の佐々木朗希（千葉ロッテマリーンズ）が6番のルイス・ウリアス（ミルウォーキー・ブルワーズ）に先制の左中間3ランを被弾。世界トップレベルの戦いで、3点のビハインドは重い。思わずベンチが渋い表情になってもおかしくはない場面で、真摯な目にどこか柔和さを宿す栗山監督の表情は変わらなかった。

「僕のような凡人は試合中、『ここで打ってくれ』『何とか抑えてくれ』という願望が表情に出やすい。打たれた瞬間に下を向いたり、『うわっ』という感じになったりしてしまう。でも、栗山監督は変わらない。ベンチでうれしい時はうれしいという感情は顔に出ますが、うまくいかない時に負の感情はまったく出さない。送り出した時点で、『この選手は今のシチュエーションでいいパフォーマンスをしてくれる』『結果を出してくれる』と見守っている。力を発揮させてあげるという視点で選手を送り出しているからだと思います。ファイターズ時代から『俺の責任』とよく口にされていましたが、その意味は選手のパフォーマンスを引き出してあげられなかったという思い。

準決勝メキシコ戦、逆転サヨナラ打の村上（右）は栗山監督と抱擁

SAMURAI JAPAN
MUFG

やってくれると信じているから、そういう表情になるのではないでしょうか」

栗山監督は節目の時に絶対に勝つほうに運が動く

栗山監督は今回のWBCでチームの核になる大谷、ダルビッシュに自ら会いに行き、手紙を書き、行動することで出場を決意させた。監督であり、ゼネラルマネジャーでもあり、メンターでもある。今回の優勝に向かって、ひたむきに「役割」を果たしてきた。

「野球は戦略や戦力も大事ですが、運が左右するスポーツだと思いませんか？たとえば、ストライクゾーンの球がボールと判定されることもあるし、その逆もある。審判がどうこうということではなく、人間だからそういうことはあるじゃないですか。さまざまな運に左右されるとしたら、栗山監督は節目の時に負けに運が転がる人ではないんです。絶対に勝つほうに動く。それだけのことを野球に対してしているからだと思うんです。2016年、ファイターズで監督と一緒（一軍打撃コーチとして）の時、福岡ソフトバンクホークスとの11・5ゲーム差を逆転してリーグ優勝した。しかも、優勝を決める試合でも最後に大谷選手が投げている。節目節目で絶対に運が味方してくれていると思うんです。監督は今回、いろんな決断をしてすべてがかみ合った。こんな2試合（準決勝、決勝）、現実にあります？　だって、『物語』のようじゃないですか」

準決勝メキシコ戦は4回に先制されたあと、日本は6回まで無得点。国際大会を初めて経験した城石コーチは内心、動揺していた。

「試合が始まる前からスタジアムが異様な雰囲気でした。これが本場の野球なのかと思いながら、『浮足立つ』とはこういうことなんだなと実感していた。最初に3点を取られた時は、国際舞台での怖さを経験したことがなかったので思考が停止しました。あの、スタンドにボールが吸い込まれていく感じ……。それで心がブレてしまう僕は甘いのですが、『このままいったら監督に何か聞かれても正常な判断ができない』というくらい追い込まれた。どこかに冷静な自分がいたので、頭の中を整理して正気に戻りましたが、少し時間が必要でした」

村上に監督の言葉を伝達栗山監督の「信じる力」

3点を追う7回裏、2死一、二塁のチャンスが訪れた。打席には吉田正尚（ボストン・レッドソックス）。栗山監督が準々決勝から4番に据えたマッチョマンは、相手左腕ジョジョ・ロメロ（セントルイス・カージナルス）の内角低めをすくいあげた。右腕一本で飛ばした打球は、右翼ポール際へ吸い込まれる劇的な同点3ラン。続く8回に勝ち越されるも、その裏に山川穂高（埼玉西武ライオンズ）の左犠飛で1点差に迫った。

そして1点を追う9回裏、あの場面が訪れる。先頭・大谷が二塁打を放ち、続く吉田が四球で無死一、二塁。一走に俊足の代走・周東佑京（ソフトバンク）を送り出すと、打順は不振にあえぐ昨季三冠王・村上宗隆（東京ヤクルトスワローズ）だった。

選択肢は大会打率1割台の村上か、選手交代でバントか。栗山監督の采配に注目が集まるなか、城石コーチはダグアウトとベンチを何度も往復していた。

「大谷選手の二塁打が出た時点で、牧原大成選手（ソフトバンク）に準備をさせて、いったんベンチへ戻りました。バントと一口に言っても、あの状況で村上選手の代打で出てバントを決めるのはとても難しい。牧原選手本人も自信満々ではなかった。ベンチに戻ると、監督が『ムネ（村上）に任せる』と。僕も『バントが成功する確率は低いかもしれません』と伝えました。僕はその後、安心させようと思って牧原選手のところにすぐに行きました」

再びベンチへ戻ると栗山監督から、ネクスト・バッターズ・サークルにいる村上にメッセージを伝えるよう指示を受けた。城石コーチは躊躇した。自分が行くことで、村上にとってマイナスになってしまうのではないか――。

「コーチがネクストに行くこと自体がなかなかない。選手は『えっ』と思うものなんです。村上選手は状態が悪いうえに結果も出ていない。自信がない表情に見えました。でも、伝えてきてくれと言われたからには行かなければいけない。僕自身、少し葛藤はありました。『どうやって行こうか』と考えて間が空いたので、（打撃コーチの）吉村（禎章）さんから『どうしたの』と聞かれて。説明したら、『俺、行こうか』と言ってくれたと思います」

城石コーチは意を決し、ネクスト・バッターズ・サークルへ歩を進めた。

「村上選手は『何だろう』みたいな感じでしたが、『監督はムネに任せると言っているから』と伝えると、表情が瞬時に変わった。そのあとはもう僕の顔を見ないで、すぐ打席に向かおうとした。これはスイッチが入ったと思ったので、『思い切って行ってこい』と背中を叩いて送り出しました」

その村上は、カウント1－1からの3球目を振り抜いた。中堅手の頭上をはるかに越える打球で二者生還。〝村神様〟復活の逆転サヨナラ二塁打で、決勝進出を劇的に決めた。

「もし、何も言葉をかけなかったとしたら、村上選手も『バントのサイン、出るのかな』と不安なまま打席に入ったかもしれない。あのタイミングで声がけしてきてくれという監督の決断も、村上選手にとってプラスだった。監督なら誰でも、あの場面で伝えてきてくれと言えるかといえば、言えないと思います。栗山監督の『伝えてきてくれ』は、すべてを考えたうえでの決断だったのだと思います。これも、節目節目の決断がすべてプラスの方向に行く、ということですよね」

「『二刀流への挑戦』という二人の物語は完結したのかなと」

城石コーチは日本ハム時代の栗山監督、そして「日本ハムの大谷」を知る一人でもある。一軍打撃コーチに昇格した2016年から大谷が海を渡る前年の2017年まで、2年間にわたって栗山監督と大谷の関係性を見続けてきた。

「今大会を通じて監督は何の心配もせず、大谷選手を二刀流で起用できるようになったのかなと感じました。僕が(一軍コーチ昇格で)栗山監督と一緒にいた2016年は、大谷選手の二刀流がビシッとハマってリーグ優勝、日本一にもなった年。ですがあの時は、チーム全体で大谷選手の体への負担などをいろいろ考えて動いている段階で、監督も不安なことはあったと思います。それが今回、監督は昔のように気にすることなく二刀流で起用していたように思います」

決勝後、栗山監督(右)は感無量の表情で大谷と抱き合う

象徴的な試合は、1次ラウンドの第3戦、チェコ戦だった。大谷は「3番・DH」で先発出場。大谷は初戦の中国戦は二刀流、第2戦の韓国戦も「3番・DH」で出場しており、城石コーチは大谷の疲労を懸念。5回までに8－2と大差をつけた時点で、監督に大谷の交代を提案した。

「(大谷の)体のことがすごく心配だったので、点差がついた時に監督へ話を振ったら『いや、行くよ』と。代えないと言ったんです。そこで、(大谷の通訳で、WBC日本代表の通訳)水原一平さんを介して、本人にどんな感じか聞いてもらった。大谷選手は『疲れている』とは言わないですが、『代わってもいいです』というニュアンスの返事が来たので、ちょっと疲れているなと。監督にもう一度話をしたら、『次、この点差だったら代えようか』となりました。監督のなかでは、大谷選手の体に気を遣って代えることは頭にない。二刀流の選手としてほぼ完成していると考えているのだと思います。『二刀流への挑戦』という、二人の物語はもう完結したのかなと思いました」

物語は最高のシナリオで完結する。栗山監督が思い描いた〝絵〟は、大谷が胴上げ投手になるという結末だった。

「栗山監督は選手のことを思って、接し方、声かけから始まって、すべてを考え抜いたうえで決断する人。結果として運が左右する場面でも、節目節目で勝つほうに動く。そうなる理由は野球に対する監督の思いの積み重ね。だからこそ、すべての采配が当たったのだと思います」

日ハム時代からの〝パートナー〟
ブルペン捕手・梶原有司の証言

決勝戦前のブルペンで 6年ぶりに受けた大谷のボール

新人時代の大谷翔平の投げる球を受け続けた男である。日本ハムのブルペン捕手・梶原有司は長年にわたり、侍ジャパンを裏方として支え続けてもきた。6年ぶりに大谷の球を受けたのは、決勝戦のリリーフ前のことだった。

取材・文＝斎藤寿子

万雷の拍手で出迎えられたスーパースターは、一直線に懐かしい人のもとへ歩み寄った。

侍ジャパンは3月3日に中日ドラゴンズと壮行試合（バンテリンドーム）を行い、アメリカで調整していた大谷翔平（ロサンゼルス・エンゼルス）が合流した。グラウンドに姿を現しただけで、場内からは大きな拍手が沸き上がる。一挙手一投足に視線が集まるなか、大谷は新人の頃から気心の知れた〝パートナー〟、ブルペン捕手の梶原有司へ近づいていった。

「翔平とはその前に、球場の裏でバッタリ会ったばかりで、『梶さん、お久しぶりです！　よろしくお願いします！』と挨拶してくれました。その後、僕が外野にいたら翔平がグラウンドに出てきて、僕のほうに真っすぐ向かってきました。『どうしたのかな？』と思っていたら、『梶さん、僕はゲームの日にこういう流れで動きますので、サポートよろしくお願いします』と伝えられました。二刀流の彼は分刻みで動き、試合前は準備で忙しい。その動きを見て、準備に集中できるようにサポートしていました」

梶原は北海道日本ハムファイターズのブルペン捕手となって今年で14年目を迎えた。その間、国際大会の経験は豊富で、2015年プレミア12や東京

決勝の6回。大谷がグラブを手にブルペンへ向かう

2020五輪のスタッフを務めた。WBCは今回が初めてだが、侍ジャパンにはこれまで4度、ブルペン捕手として参加してきた。

「すべては僕がファイターズの一員になったことが始まり。貴重な経験ができたのは、栗山英樹監督や稲葉篤紀GMとの出会いがあったからこそ。本当に出会いに感謝しています」

独立リーグから ドラフト指名ならずも

かつては、九州・四国が野球経験のすべてだった。福岡県出身で、地元の戸畑商業を卒業後、北九州市立大学に進学。2年春の九州六大学野球リーグでベストナインに選出され、6月の全日本大学野球選手権では初戦突破を果たした。

転機は、その年の冬に訪れた。日本初のプロ野球独立リーグ「四国アイランドリーグ」(現・四国アイランドリーグPlus)が創設され、翌2005年の開幕に向けて4球団合同トライアウトが行われた。梶原は独立リーグ挑戦がNPBへの近道と信じ、絶対に受かる覚悟を持ってテストを受け、合格を果たした。全4球団の初代監督は元プロ野球OBであり、コーチ陣もまたしかり。元プロ野球選手から教えを受けられるとあって、大学を中退して愛媛マンダリンパイレーツに入団した。

1年目から正捕手として活躍し、地元ファンからも「カジ」の愛称で親しまれた。2009年には主将を務めたが、NPBからの指名がなかったことから、同年限りで退団した。

退団後の進路は決めていなかったが、まずは愛媛で投手コーチを務めていた日本ハムの加藤竜人スカウトへ報告の連絡を入れた。

「加藤さんは2006年から3年間お世話になっていました。日本ハムのスカウトになってからも中国・四国を担当されていて、愛媛にも視察に来てくれていた。だから、退団を決めた時も報告しました」

すると、加藤スカウトから思わぬ言葉をかけられた。

「うちでブルペン捕手をやる気はあるか？」

聞けば、ちょうどその年限りでブルペン捕手が1人、退団することが決まっているのだという。

「『もし、まだ枠が空いていたら、やってみる気はあるか？』と聞かれたので、迷うことなく『はい、ぜひやらせていただきます』と答えました」

話はとんとん拍子で進み、1週間後には球団と契約を交わした。ファイターズは一軍の本拠地が北海道、二軍の拠点は千葉・鎌ケ谷にあるが、球団からの辞令は北海道。梶原の新天地はこれまで縁のなかった北の大地に決まった。

「スタッフとして野球の仕事に携われることが本当にうれしかった」

ブルペン捕手となって4年目の2013年、高卒の〝ドラ1〟として鳴り物入りで入団してきた選手が、大谷だった。プロ3年目の2015年に、最多勝、最優秀防御率、最高勝率に加えてベストナインのタイトルを獲得。スーパースターの片鱗を見せ始めていた。

強化試合前の練習時、梶原ブルペン捕手（左）と笑顔を見せる大谷

プレミア12では壁当て「もしかしたら人見知り」

「（大谷は）入団当初は人見知りの部分もあったと思いますが、今回は違いました。侍ジャパンでの自分の立場を理解して、若い選手に自ら声をかけてチームを引っ張ろうとしているように感じました」

その2015年11月に開催されたプレミア12開幕戦、韓国戦（札幌ドーム）で大谷は先発の予定だった。試合前、梶原は大谷からキャッチボールの相手を頼まれたが、その時すでにほかの投手とキャッチボールを始めていた。

「翔平には『ごめん、今、俺はできないから、ほかの人にお願いしてもらえるかな』と答えました。その時は『わかりました』と言っていたのですが、あとでほかの人に聞いたら、独りで壁当てをしていたそうです。もしかしたら、人見知りして声をかけられなかったのかもしれません」

大谷に請われ打撃投手も 観衆4万人のプレッシャー

WBCでも二刀流で臨んだ大谷。ブルペン捕手としてスター選手を支えた梶原もまた、二役三役をこなした。MLBの強打者・大谷らを相手に打撃投手も務めた。

「代表のスタッフは人数が少ないので、僕も含めてコーチやスタッフが打撃投手を務めることもあります。翔平にも、『梶さん、（打撃投手）お願いします』と言われていました。結局、翔平の打撃練習は僕が投げることが多かったです」

練習では、ブルペンのセッティングなどひと通り準備を済ませると、まずは大谷、伊藤大海（北海道日本ハムファイターズ）の順にキャッチボールの相手を務める。伊藤とのキャッチボールが終わる頃には、野手の打撃練習は前半組から後半組へと移る。梶原は大谷が入っている後半組で毎回打撃投手を務めた。

「アメリカと日本とでは、打撃投手の投げ方や間の取り方が結構違います。翔平には前もって『どんな感じで投げたらいい？』と聞いて、彼が打ちやすいような球を投げることを意識していました」

3月6日、阪神タイガース（京セラドーム）との強化試合が行われた。その試合前練習で、大谷は5階席に飛び込む推定160メートルの超特大弾を放っている。そして決勝ラウンドのアメリカ・マイアミ入り後も圧巻だった。試合会場ローン・デポパークでの最初の打撃練習では、バックスクリーン右の大型ビジョンを直撃する150メートル弾。試合前に打ち上げた〝号砲〟はすべて、梶原が投げた球から生まれたものだった。

「翔平が試合前の打撃練習を始めると、みんなの視線が集中する。彼がバットを構えると、球場がシーンとなって、そのなかで僕が投げる。みんなが凄い打撃を見たいと思っているのに、僕が変な球を投げたら成立しない。だから、しっかり準備して臨むために、午前中は散歩やジムで体を動かして緊張をほぐしていました。もちろん、朝起きてプレッシャーを感じる時もありましたが、球場入りする頃には普段通りの精神状態になりました。4万人もの日本のファンが詰めかけた前で打撃投手を務めることもないので、本当にいい経験ができたと思います」

6年ぶりに球を受けたのは決勝のブルペンだった

本職のブルペン捕手として、大谷の球を受けたのは実は今回一度きり。代表チームでは、短期間で初めて組むバッテリーの息を合わせるため、試合前からその日マスクをかぶる捕手が先発投手の球を受けていたからだ。しかし、その「一度」は、今大会最大のハイライト、決勝の9回表に大谷が「泥だらけのクローザー」として登板する直前だった。

大谷の球をブルペンで補球するのは、エンゼルスに移籍する前の2017年以来、6年ぶりだった。

「ブルペン捕手は、投手に影響を及ぼしてはいけない。波をつくってはいけないんです。いつ、どんな投手に対しても、常に同じように球を受ける。あの時も邪念は捨て、平常心で、ただただ翔平の球を一球一球しっかりと捕ることだけを考えました」

ちょうど10年前の2013年、高卒新人で入団してきた若者は今や、MLBで数々の記録を打ち立て、2021年にシーズンMVPを獲得する選手に成長した。2016年には福岡ソフトバンクホークスとのクライマックス・ファイナルステージで、プロ野球史上最速記録（当時）の165キロをマーク。その日、梶原はブルペンで球を受けていた。

WBC決勝のマウンドへ送り出すための20球ほどのわずかな時間、梶原の胸には否が応でもさまざまな思いが去来した。

「今にして思えば、『翔平の球を受けるのは、これが最後かもしれない』という気持ちもあったように思います。先発の時とは違って、1イニングだけの抑えとしての登板でしたから、翔平はブルペンの時から力が入っていました。スプリットもスライダーも最高の球でしたよ。最後はみんなで『はい、頑張って！　いってらっしゃい！』と送り出しました」

3－2と日本のリードはわずか1点という展開に、スタジアムのボルテージは最高潮に達していた。

「野球人生でこんな光景は二度と見られないだろう」

梶原はそんな思いで、ブルペンに残っていた投手陣、スタッフと一緒にマウンド上の大谷を見つめていた。

先頭打者を四球で出したものの、次打者を併殺打に打ち取った。この時、梶原は勝利を確信した。

「あのゲッツーでブルペンもすごく盛り上がっていたんです。『これはいける！』と。あとは勝利の瞬間に走っていく準備をしておこう、みたいな感じでした」

最後の打者、マイク・トラウトのバットが空を切った瞬間、勝利の雄叫びを上げる大谷が中心にできた歓喜の輪に、梶原も飛び込んでいった――。

「東京2020五輪も、今回のWBCも、本当に貴重な経験をさせてもらいました。それはすべて、ファイターズの一員だったからこそ。ファイターズに恩返ししたいですし、日本一になるためにチームをサポートして、国際大会での経験を生かしていきたいと思います」

今年から日本ハムの本拠地は、大谷が過ごしたことはない新球場「エスコンフィールドHOKKAIDO」。またいつかブルペンで会える日まで、梶原は仕事を全うしていく。

かじわら・ゆうじ

1984年生まれ、福岡県出身。戸畑商―北九州市立大学中退。2年春に九州六大学野球リーグでベストナインを獲得し、全日本大学野球選手権に出場。2005年に大学を中退して愛媛マンダリンパイレーツ入団。10年から北海道日本ハムのブルペン捕手。侍ジャパンのスタッフとして東京2020五輪、WBCなどに参加

証言インタビュー 4
選手｜PLAYER

近藤健介

こんな野球がしたかった

Kensuke Kondoh

**不動の2番として世界一に貢献。
「コミュ力の鬼」の異名をとる男はチームのムードメーカーとして、
大谷翔平と若手たちのつなぎ役も担った。
今季、「常勝軍団」にFA移籍した29歳は、
WBCでは子どもの頃のように野球を楽しめたと語る。
その真意とは——。**

取材・文＝矢崎良一

ンチを温める時間が長い可能性はわかっていた。それでも、近藤健介（福岡ソフトバンクホークス）は、今回の侍ジャパン入りの打診に二つ返事で応じた。

「即答しました。『出ます。ぜひ、よろしくお願いします』と。何の迷いもなく、もう、一択でした」

ＷＢＣ代表メンバーへの選出と、出場の意思を確認する栗山英樹監督からの電話を受けた時のことだ。気骨にあふれる近藤ならではの返答だった。

しかし、それは反面、勇気のいる決断でもあった。当初、外野手には吉田正尚（ボストン・レッドソックス）、ラーズ・ヌートバー（セントルイス・カージナルス）、鈴木誠也（シカゴ・カブス）と3人のメジャーリーガーがエントリーされ、彼らが先発出場で起用されることが確実視されていた。となれば、近藤はベンチスタートになる。

この状況自体は初めてではない。東京2020五輪でも、外野の布陣は吉田、鈴木、柳田悠岐（ソフトバンク）

で、近藤は代打を中心とした起用となり、先発出場はわずか1試合にとどまっている。

だが今回は、ペナントレース開幕を直前に控えた時期。実戦での打席数が減ることは調整に大きな影響を及ぼしかねない。まして近藤は今季、移籍初年。真価が問われる大事なシーズンでもあった。

「具体的な起用法は何か言われたわけではありませんが、メンバーを見た時に、『これは1打席勝負（代打）になってくるな』というのは察していました。でも、それがどうシーズン（ペナントレース）に影響するのかは、あまり考えませんでしたね。もちろんホークスにFAで移籍してきたわけですから、『開幕は大丈夫なのか？』という見方をされても仕方がない立場だし、僕よりも周りのほうが不安に感じていたと思います。そこはもう、僕が結果を出すしかないことなので。

僕自身は、絶対に日本代表として世界一になりたいという気持ち、それが何より強かったんです。だから、そのメンバーの一人に選ばれたというだけで光栄でした。どんな使われ方でも、そこで全力を尽くせばいい、と」

ところが、状況は一転する。鈴木がチーム合流直前に左脇腹の故障で参加を辞退。代替選手として招集された牧原大成（ソフトバンク）は内外野どこでも守れるユーティリティープレーヤーのため、鈴木とは求められる役割がまったく違ってくる。おのずと近藤のスターティングメンバー入り、鈴木が守るはずだった右翼での出場が確定する。そうした状況の変化も、近藤は淡々と受け止めていた。

そして迎えた1次ラウンドで打率4割6分7厘。出塁率は6割とインパクト抜群の活躍を見せる。左打者が並ぶため、強化試合では試行錯誤していた打順も2番に固定され、1番・ヌートバー、3番・大谷翔平（ロサンゼルス・エンゼルス）と並ぶ上位打線は日本の得点源となっていた。

これだけの好成績を出せた一番の要因は何だったのか？

「やっぱりメンタルじゃないですかね。1打席勝負と思ってずっと準備していたので、スタメンで出ても、打席での気持ちの切り替えがうまくできていた気がします。1打席1打席、打てなくても引きずることがなかった。シーズンになると、とにかく長いし、毎日試合に出ていればどうしても引きずる打席があったり、ある一度の打席で崩されて、そこを意識することでどんどんドツボにはまっていったりするなんてこともよくあるんです。それが、1打席勝負でスパッと割り切れていました。国際試合では相手の投手もコロコロ代わるので、なおさら、この打席、また次の打席、という感じで、1打席ごとに新しい気持ちで入れたのがよかったのかなと思っています」

近藤（左）は3月22日、大谷と笑顔で優勝会見に登場

「ダルビッシュさんの存在が本当に大きかった」

さかのぼれば、今回の侍ジャパンは、2月の宮崎強化合宿でのスタートから、選手たちが独自にコミュニケーションを積み重ね、次第にチームの絆が深まっていく様子がメディアを通じてファンにも伝えられた。うまくチームに溶け込めなかった宇田川優希（オリックス・バファローズ）を囲み、投手陣全員が行った「宇田川会」は、SNSに発信されたことでトレンドワードにもなった。

過去にもWBCや五輪の代表チームが、こうしたグラウンド外のコミュニケーションによって一つにまとまっていくエピソードはあったが、ここまで如実にそれが表に出てきた大会も珍しいだろう。

「投手陣だけでなく、野手陣ももちろんやっていましたよ。いや、野手というよりも、もう選手全体ですね。みんなでお酒を飲みながら、なかには野球の話をしていた人もいたかもしれませんが、野球に関係ないようなたわいもないことを言い合って、そこですごく絆が深まったはずです。僕も、もともとお酒が大好きなので、みんなで〝何々会〟とかで行った時には、いつも場の中心にいて騒いでました（笑）。

3月11日、1次ラウンドのチェコ戦で村上を出迎える近藤（中央）。大谷（左）も大盛り上がり

ダルビッシュ（有＝サンディエゴ・パドレス）さんの存在が本当に大きかったと思います。今までもいろんな国際大会があり、とくに東京2020五輪の時はコミュニケーションの重要性はわかっていても、新型コロナウイルスの感染拡大の影響があってできなかった。今回も、まだそういう空気も多少残っているなかで、ダルさんが先頭に立って、みんなを引っ張ってくれて、そこで僕らがワイワイやってコミュニケーションを取って。本当にもう、何回やるんだ？　というくらい、みんなで決起集会をやりました。そこに誰も欠けることもなく、みんなが集まる。すごくいい雰囲気でした。

そこにはやっぱり『いいチームにしよう』という素直な気持ち、その気持ちだけはみんなが持っていたと思うんですよ。その流れがいい意味でグラウンドにも持ち込まれて、本当にやりやすく、仲良くなれた。大会の最後の頃は、『このチームでシーズンも戦えたらなあ』って、そういう声も出ていたくらいですから。だから本当に、大会を通じていいチームになっていったんでしょうね」

チームが成熟していくなかで、近藤の果たした役割は大きかった。北海道日本ハムファイターズでは栗山英樹監督の下でプレーし、ダルビッシュとは入れ違いになるが、大谷とは捕手としてバッテリーを組んだこともある。吉田正尚、今永昇太（横浜DeNAベイスターズ）とは同学年。侍ジャパンの選手たちの相関関係にさまざまな形で線が結ばれている。そこに近藤自身の人柄が相まって、まさにコミュニケーションのキーマンとなっていた。

近藤をよく知る人は、彼を「コミュ力の鬼」と評する。気骨はあるが、決して無骨ではない。誰にでも細やかな気配りができる。どんなところに行っても、タフにやれる。そこで自分の居場所を見つける男なのだという。それは近藤のプレーヤーとしての強さの源泉であり、今回のWBCでも実証されている。

「まあ、それは自分のなかで大事にしているところではあります。今回のように代表のチームに入ったり、ホークスに移籍してきて新たにチームメートになった選手たちであったり、ファイターズの時は新外国人選手だったり、そういう新しい関係性の人とのコミュニケーションは意識して取るようにしてきました。もともと人が好きというか、人と絡むことが苦手じゃないので。

でも、今回のWBCに関しては、やっぱりダルさんですよ。いろんなことを企画してくれて、みんなに声をかけてくれた。逆に若い選手たちからだったら、『ダルさん、来てください』とはなかなか言いにくいですが、向こうからやってくれる姿を見たら、選手からの人望が集まりますよね。そういうダルさんがつくってくれた空気のなかで、たまたま僕は中心にいさせてもらったというだけなんです」

「翔平の凄さを見て、選手たちはいろんな感情があったと思います」

アメリカとの決勝戦の試合前、大谷が選手たちを前に「憧れるのをやめましょう」と言葉をかけた。ただ、アメリカの選手たちと向き合う前に、それに劣らぬ実績を持つ大谷やダルビッシュに対して、若い選手たちが、チームメートでありながらそういう心境になってしまう危険性もあったはずだ。侍ジャパンでは異文化から集まってきた選手たちを、どう融和させていったのだろう？

「それもやっぱりダルさんでしょうね。キャンプの初日から来てくれていたので、みんなもなじみやすかったですし、見ていて、これじゃ疲れちゃうんじゃないかと思うぐらい、みんなに気を遣ってくれていましたから。そうやってダルさんはすぐに身近に感じられるようになりましたけど、翔平は合流もギリギリでしたからねえ。

ダルさんもそうですけど、翔平が日本でプレーしている姿を見ていない選手が結構いたんですよ。そうなると、テレビの世界の人みたいな感覚もあって、そんな人がいきなりチームに飛び込んでくるので、最初はみんなも近寄りがたいというか、壁があったし、翔平のほうもやりづらさはあったと思います。僕はそこを何とかつなげられたらという気持ちでやっていました。でも、翔平も慣れれば、いろいろ周りにちょっかいを出したりする面白いヤツなんです。後半はそういう姿が見られるようになったので、もうチームに溶け込んでやれてるんだと思ってました。

憧れもそうですけど、やっぱり同じプロ野球選手のなかでも、人に刺激を与えられる選手はそんなにいない。日本代表のレベルでもそうだと思います。今回、ああやって翔平のプレーを間近で見られて、ムネ（村上宗隆＝東京ヤクルトスワローズ）なんかはすごく衝撃を受けていました。最高の刺激になったんじゃないですかね」

衝撃という意味では、大谷が3月3日にチームに合流し、愛知・名古屋市のバンテリンドームでの強化試合前に行った打撃練習。広いバンテリンドームの最上階、5階席へピンポン球のように飛び込んでいく打球を、日本代表の選手や、対戦相手の中日ドラゴンズの選手たちまでが、唖然とした表情で見つめていた。

あの打球を見せられたら、村上や山川穂高（埼玉西武ライオンズ）、岡本和真（読売ジャイアンツ）といった日本の長距離砲たちは、衝撃や刺激という以上の複雑な感情を抱いたのではないかと想像してしまう。近藤は、あの〝大谷インパクト〟をどう感じていたのだろうか？

「代表の選手に限らず、日本のホームランバッターはみんな、どこかで『俺も負けてないぞ』という自信があったと思うんです。日本の成績だけで言ったら、打者としては、村上のほうが翔平より凄い成績を残しているんですから。僕は翔平を日本にいた時から見ていたので、あれからMLBに行って成長して、『ああ、やっぱり凄いな』みたいな感覚だったんです。だけど、初

「同じプロ野球選手のなかでも、人に刺激を与えられる選手はそんなにいない」

3月4日、中日との強化試合。近藤(左から2番目)は栗山監督、大谷と談笑

めて見た選手はいろんな感情があったでしょう。イラつきとか、ムカつきとか、ショックというのは、あったんじゃないかな。それは、みんなを見ていて思いました。

それでも、やっぱりみんなトップ選手なんで、本物を見たら気がつくんですよ。あのあと、翔平に『どんなバットを使ってるんですか?』『どんなトレーニングをしているんですか?』とか、すぐに聞いていましたから。僕なんかが言うのはおこがましいですが、日本のなかだけ見ていた選手が、そうやっていろんな新しいことに挑戦していくというのは凄いと思うんです。本当に大変なショックを受けたと思いますが、いいことだったんじゃないかな、あの翔平の本当の凄さを近くで見ることができたのは」

準決勝のメキシコ戦、不利な状況もネガティブな感情はなかった

東京での初戦以来、圧勝続きで勝ち上がった日本は、アメリカ・マイアミに乗り込んだ準決勝のメキシコ戦で、初めて〝苦しい試合〟を経験する。3点をリードされた序盤、2点差に突き放された終盤、スコアの上では不利な状況になっても、日本のベンチには不安やネガティブな感情はまったく芽生えなかったという。

「僕は侍ジャパンでプレミア12（2019年）、東京2020五輪、今回のWBCと3つの大会に出場させてもらって、いずれも優勝していますが、どの大会も試合の場面場面では、苦しいところは何度もあったんです。五輪だって終わってみたら全勝でしたけれど、初戦でドミニカ共和国に負けそうになったし（9回裏に2点差から逆転サヨナラ勝ち）。

今回のメキシコ戦でも、ようやく同点に追いついたのに、2点取られてまた突き放されて、シーズン中だったらガクッとなっちゃう展開ですよね。でもあの時、本当に誰もそういう考えにならなかったんです。負けたら終わりのトーナメントというのもあるのでしょうけれど、だからといってリーグ戦であっても、この試合は負けても大丈夫とかじゃなくて、常に勝ちたい、勝つんだという思いの強さって、僕は必要だと思うんです。そういう意識の大切さは、今回改めて実感しました」

小学校の時から全国大会や代表チームのトーナメントに何度も出場し、勝つことの喜びや負ける悔しさを経験してきた。いつ頃からか、ひたむきに「勝つこと」を追い求めて野球をやるようになった。そういう自分の価値観をブラすことなく、プロの世界でも生きている。だから「優勝したい」という思いの強さから、愛着のある北海道日本ハムファイターズを離れ、ソフトバンクにFA移籍した。

そんな近藤にとって、今回のWBCは、なりふり構わずチームを鼓舞する大谷やダルビッシュ、骨折しながらも試合に出場し続ける源田壮亮（西武）、苦しみながら最高の場面で結果を出した村上……侍ジャパンの選手たちの姿には、子どもの頃からずっとやりたかった、やってきた野球がそこにあった。

「本当に、それなんですよ。やっぱり、一つ勝つ喜びというところをみんなで目指していく。その先に優勝がある。これがやりたかったんです。これが楽しくて始めたのが野球だったんです。そこを再確認したというか、やっぱり『勝つっていいな』と思いました。だから僕は、何も飾ることなく、素のままで出ていった大会でした。WBCだからとかではなく、やっているうちに気持ちが入ってきて、『うわあ〜、楽しいな』と思いながら夢中で野球をやっていた感じです」

優勝の瞬間、29歳の野球小僧にはどんな景色が見えたのだろう。

「いやもう、最っ高でした。それしか言いようがないです。たまにテレビやスマートフォンの動画で大会中のいろんな場面が流れてくるじゃないですか。見ていると、今でもまだ鳥肌が立ちますから。本当にこんな場所に自分がいて、世界一のチームの一員としてプレーができたのか、と。自分で言うのも恥ずかしいけれど、誇らしいというか、凄いことをやったんだなあって実感しています」

そして20年後、30年後、40年後。この大会のことを、「どんな大会でしたか？」と聞かれた時に、近藤はどんなふうに答えるのか。

「その頃にはもう現役選手は引退して、野球界にいるのかどうかもわからないんですけれど、自分の野球人生の集大成とかじゃないですかね。ここ最近はなかなかシーズンの日本一を経験できていませんし、そういう劇的な場面が今後起これば、また更新されていくこともあるかもしれません。それを目指さなきゃいけない気持ちもありますけど、今の段階で考えるのであれば、やっぱり〝集大成〟かな、と思いますね」

最後の質問として聞いてみた。今後また日本代表、侍ジャパンへの招集があったら、あなたは行きますか？　それとも、別の選択肢を考えますか？

「あ〜。それ、難しいっすね。何とも言えないなあ。今はとりあえず『ハァ〜』っていう気持ちになっているんです。『日本代表、WBC終わった。ハァ〜』みたいな。大きな仕事をやり終えて、ホッとしている感じですね。だからもう一回呼ばれても、また頑張れるのかどうかは、その時にならないと本当にわからないです。その質問、難しいっすね」

近藤は楽しそうに笑って、話して、移籍初年のグラウンドに出ていった。

こんどう・けんすけ
1993年生まれ、千葉県出身。横浜高から2011年ドラフト4位で日本ハム入団。23年から7年契約でソフトバンクへ移籍。高い出塁率と通算打率3割超（23年4月29日時点）を誇る。今大会は全7試合出場、打率.346、1本塁打、5打点。171センチ、86キロ。右投げ左打ち

JAPAN
55

侍ジャパン 真相ドキュメント ④

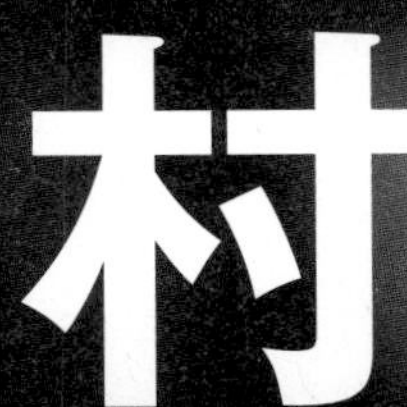

村上宗隆 Munetaka Murakami

**不振のトンネルを抜けると、世界一が待っていた。
「村神様」の準決勝、決勝の活躍に誰もが興奮した。
長年ヤクルトを取材してきた担当記者がWBCにおける村上の軌跡をリポートする。**

「3年後は全試合4番で」

取材・文＝塚沢健太郎（夕刊フジ記者）

世界一になった。メジャーの球場で本塁打も打った。しかし、表情にはどこかに悔しさが入り混じっている。アメリカから帰国したばかりの村上宗隆（東京ヤクルトスワローズ）は、帰国会見で「さらに目標を高く設定させられる大会になりました」と決意を新たにした。

2日間の休養を挟むと、さっそく埼玉・戸田市のヤクルト二軍室内練習場で練習を再開した。いでたちは赤色Tシャツで、胸には「JAPAN」の文字。黒い短パンにも「JAPAN」。ヤクルトの練習着一式は神宮球場に置いてあったためで、この日は侍ジャパンのウエアでシーズンに向けて再出発した。打撃練習などで汗を流したあと、優勝について振り返る。

「やっぱり、最後に優勝したシーンは忘れられないです。まずは球場の雰囲気。アメリカの人の声の出し方、応援、一体感。独特の雰囲気でした。鳴り物も使わないですし、声だけで球場が一体感がある空気になるのは凄いなと思いました。世界で活躍できる選手になれるように、もっともっと頑張らないと。結果的に僕らが勝ったので、本当に日本の強さを世界に見せられたかなと思います。野球の難しさ、楽しさを新たに感じることができました」

優勝の喜びと、自身の総括は別だった。

「しんどいです。時差ボケもあると思いますが、集中する緊迫した試合だったので、すごく疲れました。最後に何とか打てたかなという感じです」

アメリカ初上陸で名刺代わりのインパクト

名刺代わりの逆転サヨナラ打と特大弾。村上にとって初めてのWBCは、アメリカ上陸後、準決勝メキシコ戦、決勝アメリカ戦で日本の三冠王の実力を見せつけ、野球の本場に強烈なインパクトを残して終えた。

世界との戦いは東京2020五輪で経験している。自国開催となった2021年夏の五輪は、全5試合で「8番・三塁」。決勝アメリカ戦では先制のソロ本塁打を中堅左に叩き込み、金メダル獲得に貢献した。翌2022年は22歳で史上最年少三冠王となり、日本選手最多記録を更新する56本塁打。五輪当時は一発期待の下位打線だったが、今回は主軸の4番を託された。そして、これまで味わったことがない経験をすることになる。

2月の宮崎強化合宿では、三冠王の余韻をにじませた。打撃投手を務めたダルビッシュ有（サンディエゴ・パドレス）からバックスクリーン直撃弾。日米通算188勝右腕（2023年開幕前）に「公開処刑されて、僕としてはちょっと悲しいです。あの球は、簡単にはMLBの打者でも打てない。それを一発で打ったのにはビックリしま

決勝アメリカ戦の２回、同点本塁打の打球の行方を見つめる村上

@WBCBaseball
55
JAPAN

した」と脱帽された。

年上選手ともすぐに仲良くなる〝後輩力〟も発揮した。シーズンでは打撃タイトルを争う3歳上の岡本和真（読売ジャイアンツ）を「最初に会った時から師匠です」と持ち上げると、岡本から「愛嬌があってかわいい後輩やけど、『師匠』はおちょくってる」と返されるなど、今回の代表では野手最年少野手ながら、高いコミュニケーション力を発揮し、即席チームの結束に寄与した。

「ショウヘイ・オオタニ」に圧倒された最年少三冠王

ところが、実戦が始まるとなかなか快音が響かない。強化試合を含む対外試合6戦で21打数3安打。大会本番に入っても、4番に座った1次ラウンド4試合で14打数2安打と、いずれも打率1割4分3厘。5四球を選び出塁率は3割6分8厘と悪くなかったが、タイムリーなし、ノーアーチ、見逃し4個を含む7三振のほうが、日本代表では目立ってしまう。

不振の原因のひとつに挙げられたのが、前の打順3番を打つ大谷翔平（ロサンゼルス・エンゼルス）を意識しすぎたというもの。3月3日の強化試合（バンテリンドーム）から合流した大谷は、試合前のフリー打撃から5階席へ叩き込むなど超特大弾を連発。ケージ裏には選手が集まり、村上もそのなかにいた。あまりの凄さに思わず笑ってしまう選手もいるなか、村上の表情はこわばっていた。源田壮亮（埼玉西武ライオンズ）に「負けた？」と聞かれ、「負けました」。異次元のパワーにさすがの「村神様」も「ショウヘイ・オオタニ」に圧倒された。

一軍に定着した入団2年目の2019年にはシーズン本塁打60本の日本記録保持者ウラジミール・バレンティン（オランダ代表）もいたが、これまでチーム内の日本人選手で自分よりパワーのある選手はいなかっただろう。ヤクルトの同僚や親しいスタッフが「あまり気にしていない感じは出していたけれど、結構気にしているのかなというのはありました。悔しさのほうが多かったと思う。『もうちょっと頑張らないと』『大谷さんは飛ばす力が凄い』と言っていた」と明かしたように、苦しい胸の内を吐露していたという。

「ボールは見えていると思うんですけど、アウトコースに広かったり、高めに広かったり、（国際審判の）ストライクゾーンをつかめていないところがある。見逃したボールを『ストライク』と言われたりして（心の）揺らぎもあった」

ヤクルトならチームが連敗しても、4番が打てないことで騒がれることはまずない。2022年日本シリーズの打率1割9分2厘、1本塁打、5打点でも、打てないことや、4番降格論について連日メディアで取り上げられることはなかった。しかし、今回はプレッシャーが桁外れ。大谷、ダルビッシュらメジャーリーガーが3大会ぶりに複数人参加することで「史上最強のドリームチーム」と称され、宮崎合宿から大注目。ヤクルトの比ではなかったはずだ。

ついに、準々決勝イタリア戦（東京

準決勝メキシコ戦の9回、村上は不振を脱する逆転サヨナラ二塁打

ドーム）では5番に降格。すると、3打席目に初長打、初タイムリーとなるセンターオーバーの二塁打を放ち、4打席目も左翼への二塁打。復活の兆しを見せた。

1次リーグを4戦全勝で突破した試合後には、自身のインスタグラムで「#そろそろ打てや村上って言ってください」と更新。〝師匠〟岡本らに「打てって言ってくださいよ」と伝えたほど。周囲の気遣いは痛いほどわかっていた。

「（気を遣われすぎて）すごく嫌でしたね。やっぱり、なかなかチームでもそういうことを味わうことはないですし。逆に『打てよ』とか、そういう言葉をかけられたほうが、僕自身ラクになる部分もあったと思うんですけど、これも経験なので。ここでしかできない経験だと思います」

準決勝の凡打で感覚つかむ その後生まれたサヨナラ打

決勝ラウンドの舞台はマイアミ・マーリンズの本拠地ローンデポ・パーク。左翼は約104・8メートル、中堅は約121・9メートル、右翼は約102・1メートルと、MLBでも屈指の広い球場で、本塁打が出にくい。宮崎合宿初日の2月17日には山川穂高（西武）、岡本と同組のフリー打撃でも柵越えにこだわることなく、センター返し中心。チーム打撃を徹底していた。

そんな村上を野球の神様は見捨てなかった。準決勝の7回、吉田正尚（ボストン・レッドソックス）が起死回生の同点3ラン。次打者はそれまで3打席連続三振の村上で、山川が代打の準備をしていたが、同点に追いついたため交代せず、そのまま打席へ。三邪飛に倒れたが、この凡打がサヨナラ打につながることになる。

「打った時に感覚的にはいいものがあったんです。初球を振った時に前にスウェー（前に突っ込む）しているなと。いろんなことを打席で冷静に感じられたので、そういうところを修正していきました。その感覚を信じながら（次の）打席に立ちました」

1点を追う9回も、無死一、二塁で牧原大成（福岡ソフトバンクホークス）がピンチバンターとして用意されたが、栗山監督は「ムネで勝負だ」と決断。ジオバニー・ガジェゴス（セントルイス・カージナルス）の94・3マイル（約152キロ）をセンター左に弾き返し、球史に残る逆転サヨナラ劇が生まれた。

「何度も三振して悔しい思いをしていましたが、何とか修正して打てました。バントも頭をよぎったんですけど、城石（憲之・内野守備走塁兼作戦コーチ＝ヤクルト二軍チーフ兼守備走塁コーチ）さんから『監督がもうムネに任せた、思い切って行ってこい』と言われたので、腹をくくっていきました。何度も何度もチャンスで回ってくる。打つしかないと開き直って行きました」

昨年、王貞治氏（元巨人）が1964年に打ち立てた日本選手最多となる55本塁打に並びながら、15試合60打席不発。シーズン最終打席で劇的な56号が飛び出したが、今回も土壇場で強さを発揮した。

決勝戦では、ローンデポ・パークの右中間最深部へ約132メートルの文句なしの一発。打球速度約185・2キロ（115・1マイル）は大谷の約182キロ（約113・2マイル）を上回り、今大会の本塁打では各国を通して最速をマークした。1次ラウンドのオーストラリア戦で大谷が東京ドームの右中間に掲示されていた自分の看板に直撃させた伝説の一打を超え、メジャーリーガーにもまったく引けを取らないパワーを見せつけた。

2025年、MLBへ 〝品評会〟は大成功

今回のWBCは自身の〝品評会〟でもあった。昨年末の契約更改でヤクルトと3年契約を結び、満了する2025年オフにポスティングシステムによるMLB移籍を容認された。海外FA権取得は最短でも2027年のシーズン中となるため、球団の英断で2年早く海を渡れることになる。

もし、日本ラウンドで打ちまくっても、準決勝、決勝で不発だったとしたら。村上の将来を考えれば、最高の結果になったようにも思える。栗山監督は大会後、日本記者クラブの会見で村上にエールを送っている。

「日本に帰って別れる時に、『宿題を持ったまま終われよ』と伝えました。今回出場したすべてのメジャーリーガーを超えていくために、一番になるために、『宿題があったほうが人間、前に進めるからね』と。彼は『次は絶対4番を打ちます』と話していました。彼が引退する時に『2023年の春先が僕をつくってくれました』と言ってくれることを信じています」

村上自身も自覚している。

「3年後もしっかり（WBCに）出て、次は全試合で4番を打てるように頑張りたい」

大谷との再共演が期待される2026年。MLBのユニホームに身を包んだ村上は、どんな打者となってWBCの舞台に帰ってくるのだろうか。3年間は「大谷超え」という壮大な目標への挑戦となる。

MLB移籍を目指す村上（左）は今大会で大谷から多くのことを学んだ

侍ジャパン 真相ドキュメント 5

山田哲人

Tetsuto Yamada

国際大会の頂点を知る男。昨季不調だった山田は経験を買われて代表入りした。WBC前に大幅な打撃フォーム改造に着手し、大会までのカウントダウンを迎えていった。長年ヤクルトを取材してきた担当記者がその過程をリポートする。

苦悩の男を救ったダルビッシュの言葉

取材・文＝塚沢健太郎
（夕刊フジ記者）

ミスター・トリプルスリーが、3つめの世界一タイトルを手に入れた。山田哲人（東京ヤクルトスワローズ）はプレミア12（2019年）、東京2020五輪（2021年）に続きWBCで3度目の世界一。これは山本由伸（オリックス・バファローズ）、源田壮亮（埼玉西武ライオンズ）の3人しかいない。

「たくさんの人から『おめでとう』『感動したよ』という言葉をたくさんもらいました。僕自身がたくさんの人に『ありがとう』と伝えたいのに、そう言ってもらえた。やっている僕らも感動して、野球をやっていてよかったと改めて思いました。正直、こんなに盛り上がると思っていなかったので、注目してもらえてうれしい。世界一になってよかったと実感しています」

国際大会は5度目。2019年のプレミア12では決勝の韓国戦で逆転3ラン、東京2020五輪では打率3割5分、1本塁打、7打点、3盗塁でMVPに輝き「国際大会に強い」の評判通り。2度目のWBCでも存在感を発揮した。

プレミア12、東京2020五輪と大きく違った点は、今回は二塁の守備に就いたことだ。これまでは名手の菊池涼介（広島東洋カープ）が君臨したため、DHや一塁での出場が中心だった。

「プレミア12、五輪はほとんど就くことがなかったんです。一塁をちょっと守ったり、五輪では1試合（準決勝韓国戦）二塁を守ったりしたぐらい。守備のほうが緊張すると感じました」

今回はその守備で、決勝戦の9回表に勝敗を大きく左右する場面が訪れた。ストッパーとして大谷翔平（ロサンゼルス・エンゼルス）がマウンドに上がるも、先頭のジェフ・マクニール（ニューヨーク・メッツ）に四球。続くムーキー・ベッツ（ロサンゼルス・ドジャース）は2018年のア・リーグ首位打者で通算213本塁打（2023年開幕時）のスター選手。打球は二塁・山田の正面に飛んできた。

「緊張しましたね。簡単なゴロというかイージーバウンドだったのですが、ちょっとでも横にそれていたらどうなっていたかわからない。それぐらい緊張していましたし、手じゃなくて体ごと二塁へトスしました」

二塁ベースに入った遊撃の源田にトスし、4-6-3の併殺が完成。山田のプレーがなければ、大谷がエンゼルスで同僚のマイク・トラウトから空振り三振で世界一を決めるという、世界の野球史に残る最高のフィナーレは生まれなかった。

昨季は自身ワースト 大会に向けてフォーム改造

打撃ではマイナスからの出発だった。昨季の打率2割4分3厘はプロ12年でワースト、23本塁打、65打点、10盗塁。

国際大会に強い選手として経験値を買われた山田

NX
NIPPON
EXPRESS
JAPAN
1

3度のトリプルスリーを達成した男が3割、30本塁打、30盗塁に一つも届かない「ゼロスリー」と苦しんだ。日本シリーズでも24打数2安打と打率8分3厘。本来この成績では招集を見送られてもおかしくないが、栗山英樹監督に「どうしても来てくれ」と声をかけられ、迷った末に出場を決めた。

昨年の不振を踏まえ、ヤクルトの沖縄・浦添キャンプでは広かったスタンスを肩幅ほどに狭め、背筋を伸ばし、左足を少し浮かせる新打撃フォームに改造。日本代表の宮崎強化合宿では、連日最終バスが出るまで居残ってバットを振った。右打ちで足を高く上げる打撃フォームが似ている山川穂高（埼玉西武ライオンズ）とは打撃論を交わし「足の使い方、体重移動など考え方も大部分で一緒。打撃方向の狙い方は違ったけど、お互い話をしながら打撃向上のヒントを探りたい」と新たなフォームを追い求めた。それでも、強化試合5試合で16打数無安打だった。「スワローズの沖縄キャンプからたく

世界一を決め、村上に肩車された山田（上）

さんの量を振ってきました。宮崎でも量を振って、やりたいことをすべてやり尽くした。その時は結果を求めず、いろいろ試しながらやっていました。(壮行試合の)名古屋から結果を出していこうと思っていたんですけど、名古屋に着いてからもアイデアが浮かんだ。大阪の2試合(京セラドーム)でもまたアイデアが出てきてしまって。(以前は)こんな感じだったなというのもありますし、新しい発見もあります。WBC期間中は左右の打者を問わずたくさんの人と会話して、たくさんのことを聞きましたが、自分とは違って。自分で考えて出てきたものを試しました。(重心を)低くしたり、体重(移動の)場所だったり、トップの位置、手首の角度。一つひとつ試しながらやっていきました」

ダルビッシュの10分間瞑想「試してみようかな」

今回の野手で2017年大会に出場したのは山田だけ。当時はメジャーリーガーは青木宣親(当時アストロズ、現ヤクルト)だけだったが、今大会は5人(うち、カブスの鈴木誠也外野手は辞退)のメジャーリーガーがメンバーに名を連ね、前回とは大きく違った。

「大谷(翔平)、ダルビッシュさん(有=サンディエゴ・パドレス)が出たおかげだと思いますが、試合中継はビックリするぐらい視聴率もあって、さらに頑張ることができました。注目度は今回が一番凄い。『視聴率何%だって』と誰かが言い出して『そんなにあるの!?』と。ニュースを見ても『グッズが争奪戦になっている』とか。やっぱり大谷、ダルビッシュさんのおかげ。参加していただいてありがとうございますという感じです」

2015年のプレミア12でともに戦った大谷、そしてダルビッシュとも積極的にコミュニケーションを取った。名古屋で開かれた野手会では、ダルビッシュとさまざまな会話を交わした。

「野球のこともそうですが、プライベートのこともたくさん聞いたことで、楽しく野球ができました。考え方や、どういうメンタルでいるのかについて聞いたんです。『今に集中する』『自分の価値は自分が一番わかっているから、周りに左右されない』と言われて、いいことを聞いたと思いました。たとえ1球前に暴投を放ったとしても、次に集中する。そんな切り替えの大切さも勉強になったし、一日のルーティンで10分間ぐらい瞑想するという話も聞いて、試してみようかなと思いました。いろんな考え方があるので、自分に合う合わないはありますが、ほかの選手がどういう気持ちでプレーしているかを知ることによって、自分にもプラスになるかもしれない。もし、自分に合わなかったとしても、周りの選手にプラスになる可能性があるので、たくさん話をさせてもらいました」

地道な打撃改造と、貴重な対話をしながら、3月8日、1次リーグ開始前に東京ドームで行われた前日練習で打撃フォームについて手応えを口にした。

「最後に『自分はこうするんだ』というものを見つけられました。それまでは結果が出てなかったですけど、納得がいく、いい期間にできたと思って大会に入れます」

村上との恒例組み体操 期せずして「Vポーズ」

1次リーグ初戦の中国戦、韓国戦、そして準々決勝のイタリア戦は牧秀悟(横浜DeNAベイスターズ)に先発出場を譲ったが、決勝ラウンドは「7番・二塁」でスタメンを張った。打撃不振に苦しんだ弟分・村上のサヨナラ打には、わがことのように喜んだ。

「うれしかったが一番。よくやった、という感じです。メキシコ戦(準決勝)の入りが一番難しかったし、みんなもそうだったと思います。なかなか点も入らなかったので、雰囲気にのまれたところがあったのかな、と終わってみれば思うところがある。独特の空気、雰囲気。僕自身、こんななかで試合をするのは初めてだと思いながらプレーしていました。あの打席はたくさんの人の期待を背負って立っていたと思うので、そのシーンを間近で見られて感動しました」

大会を通じて打率2割6分7厘も、3盗塁に5四球、出塁率は4割5分。プレミア12、東京五輪、そしてWBCの主要国際大会完全制覇を成し遂げ、国際大会に強い男は、やはりWBCに欠かせなかったことを証明してみせた。

そして、もうひとつ欠かせないものがある。ファンにはおなじみとなった、村上との〝優勝組み体操〟だ。2021年の東京五輪金メダルでは村上にお姫様抱っこされ、秋にヤクルトで日本一になった時には、村上が高津臣吾監督の右足、山田が左足を持ち、抱きかかえて記念撮影を行った。

今回は村上に肩車され、2人で両腕を大きく広げた。村上のインスタグラムにアップされた写真には、山田のイニシャルを示す「TY」を表現したものという説明書きが添えられた。「Vポーズ」にも見える組み体操は、二人の絆、そして侍ジャパンの結束を体現したようにも見えた。

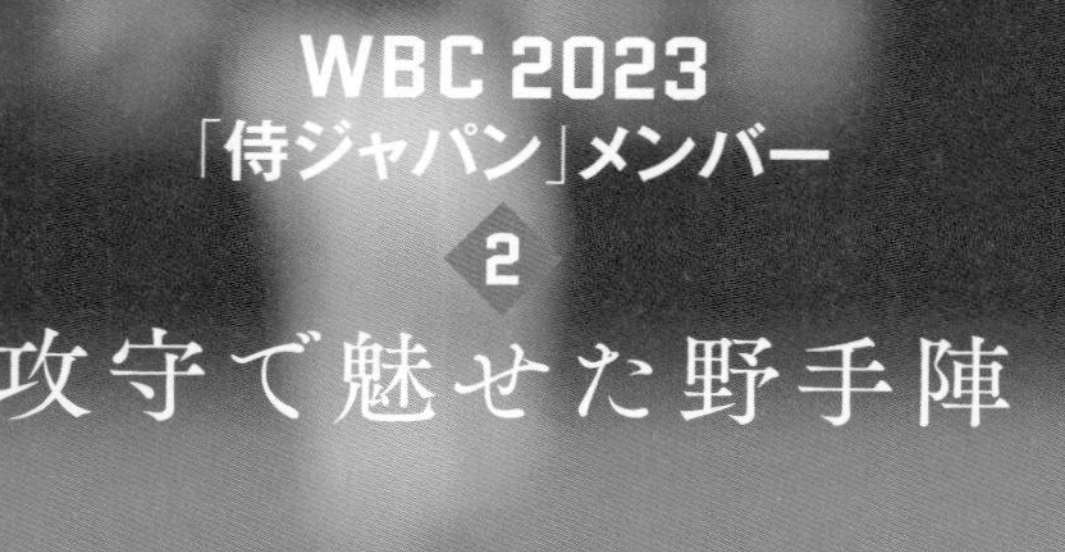

WBC 2023
「侍ジャパン」メンバー
2

攻守で魅せた野手陣

23
Lars Nootbaar
ラーズ・ヌートバー
セントルイス・カージナルス

吉田正尚
ボストン・レッドソックス
Masataka Yoshida

近藤健介
福岡ソフトバンクホークス
Kensuke Kondoh
8

岡本和真
読売ジャイアンツ
Kazuma Okamoto
村上宗隆
東京ヤクルトスワローズ
Munetaka Murakami
甲斐拓也
福岡ソフトバンクホークス
Takuya Kai
Tetsuto Yamada
山田哲人
東京ヤクルトスワローズ

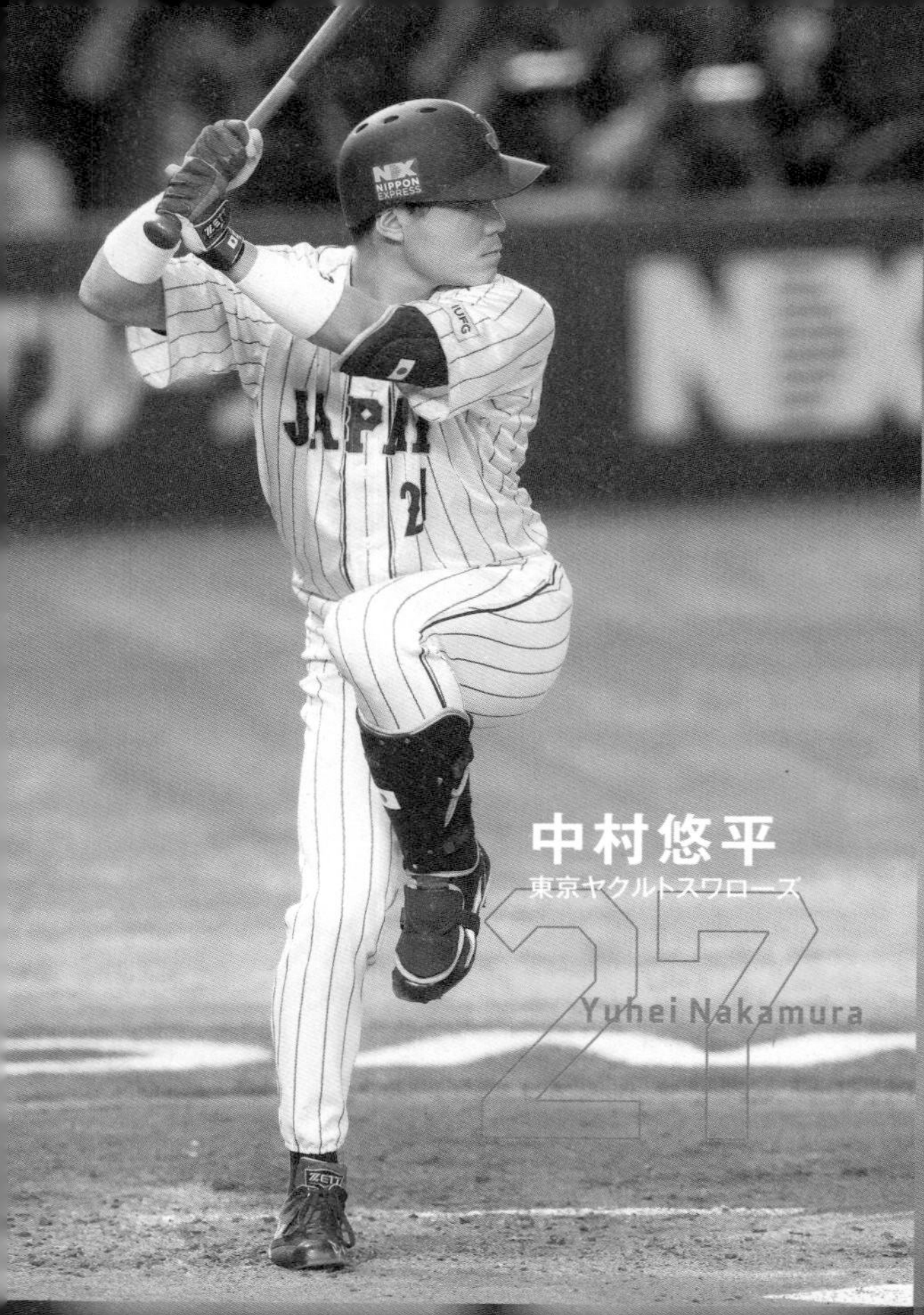

27
Yuhei Nakamura
中村悠平
東京ヤクルトスワローズ

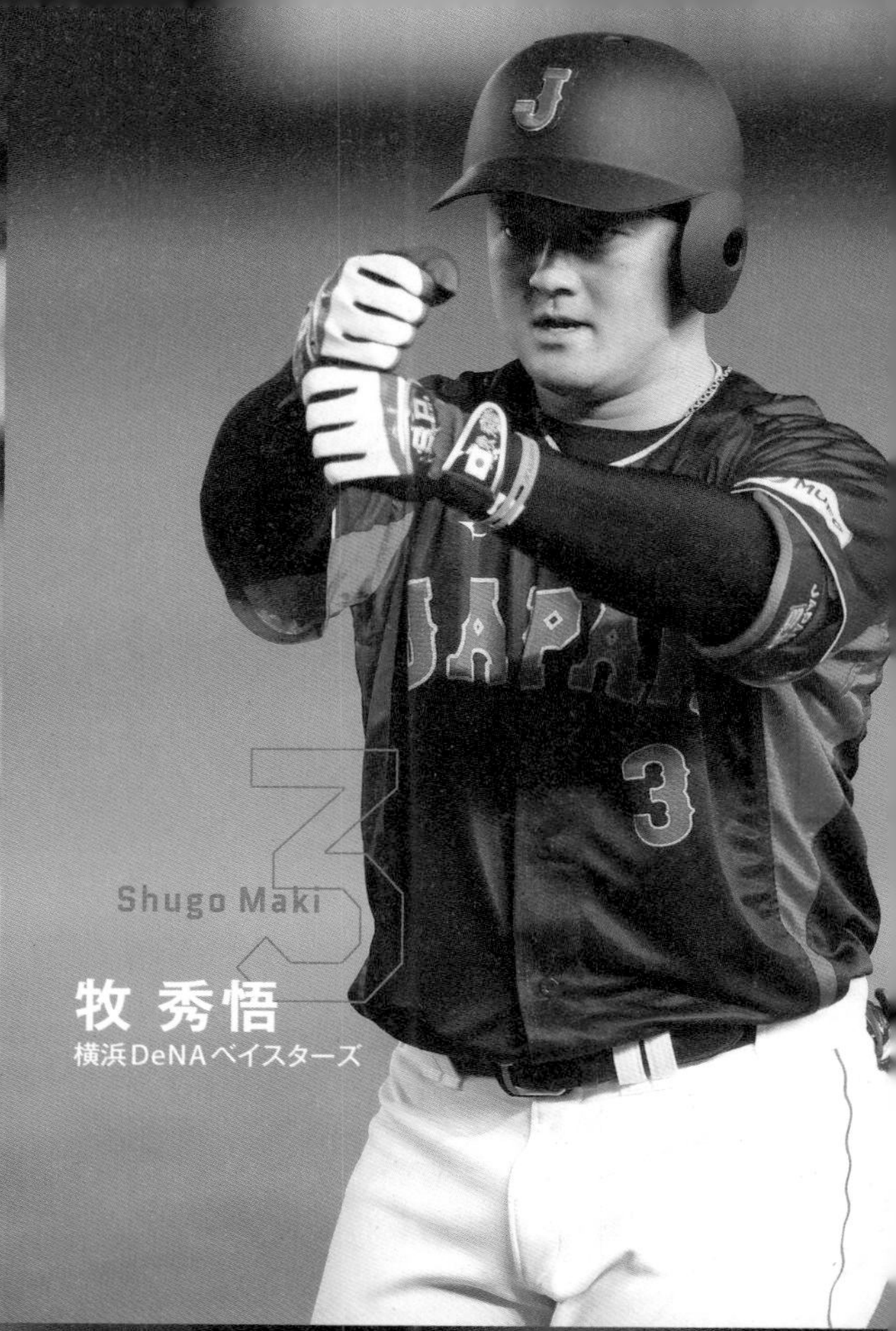

3
Shugo Maki
牧 秀悟
横浜DeNAベイスターズ

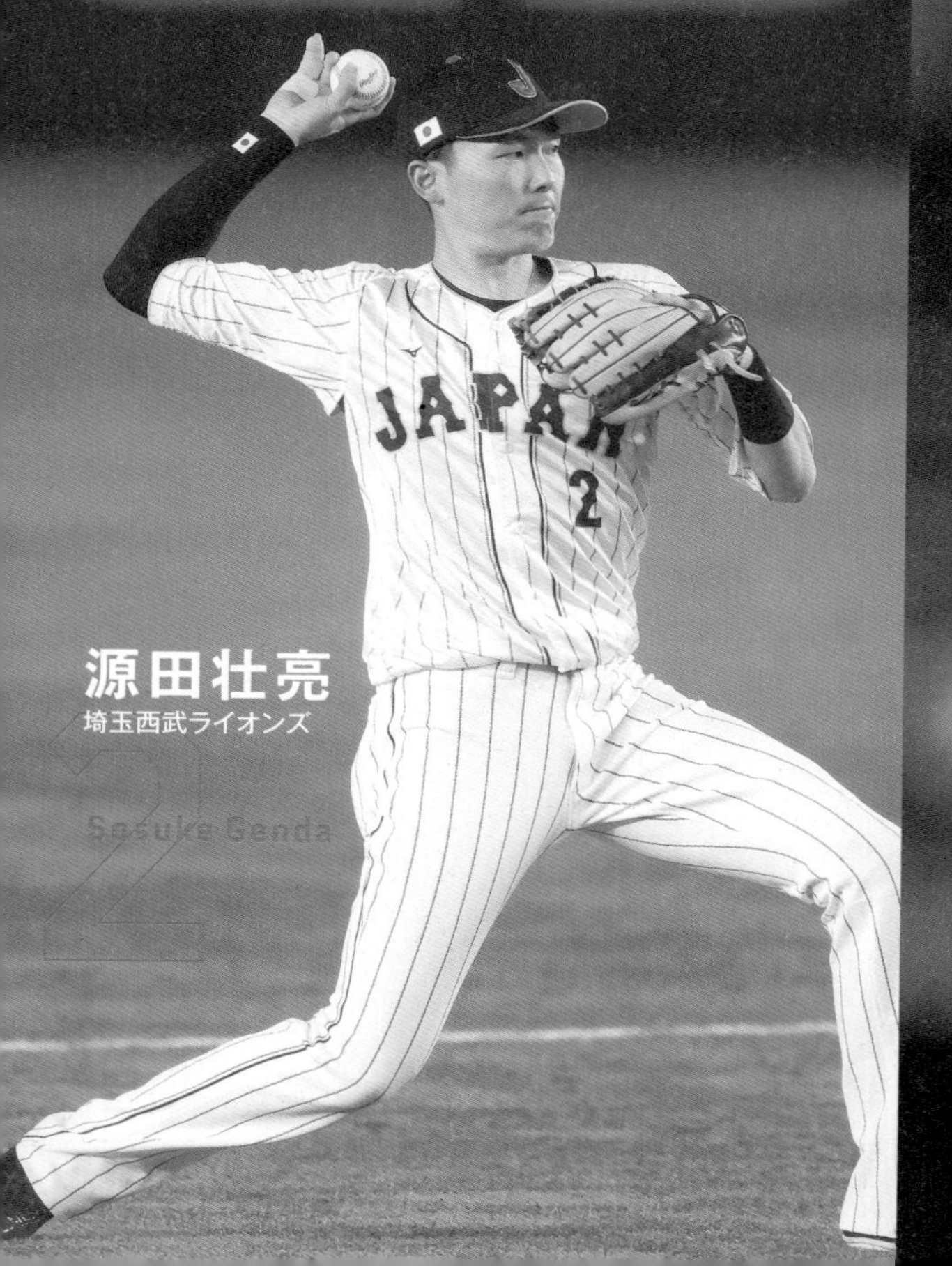

2
Sosuke Genda
源田壮亮
埼玉西武ライオンズ

9
Ukyo Shuto
周東佑京
福岡ソフトバンクホークス

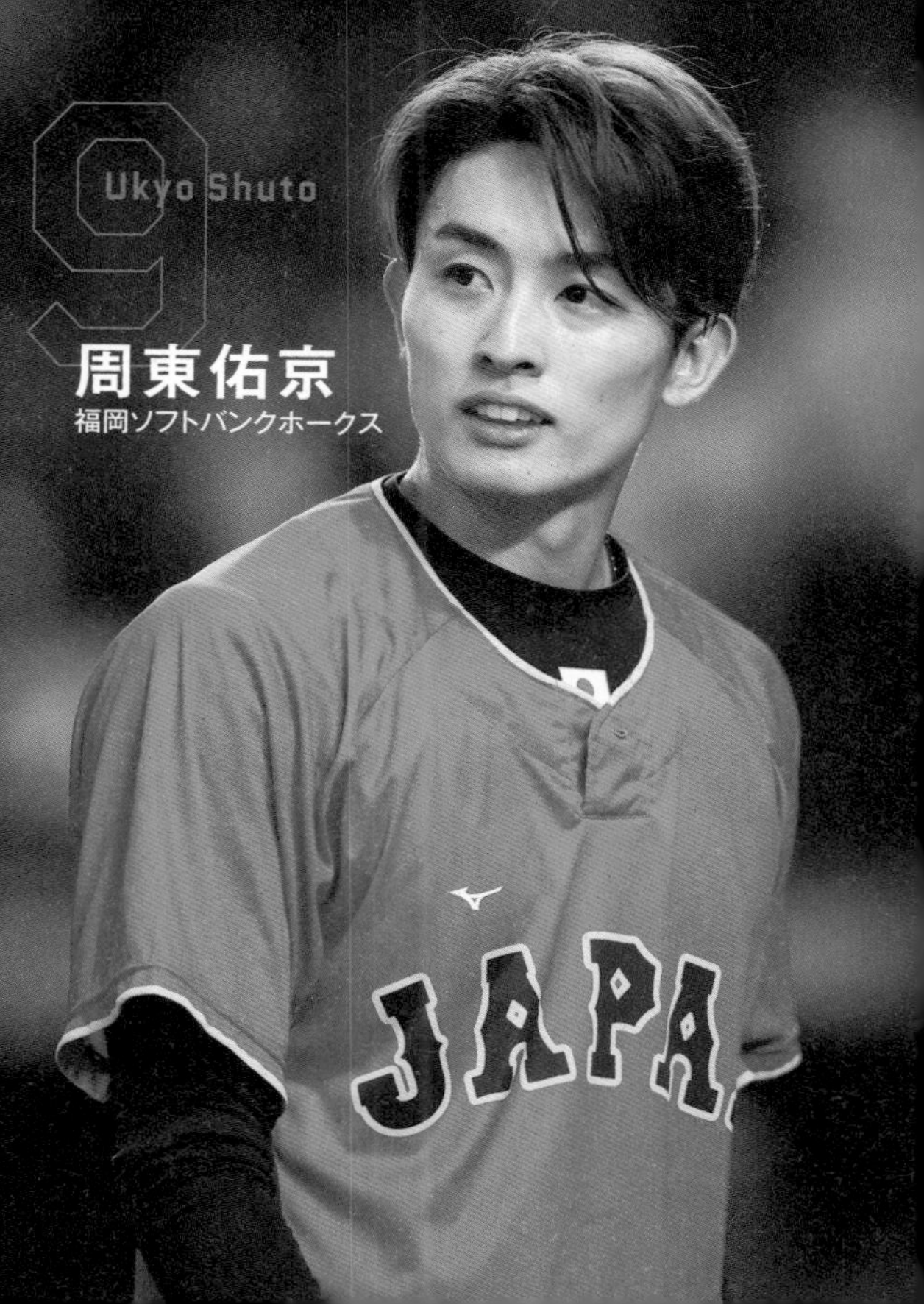

山川穂高
埼玉西武ライオンズ
Hotaka Yamakawa

大城卓三
読売ジャイアンツ
Ohshiro Takumi

牧原大成
福岡ソフトバンクホークス

中野拓夢
阪神タイガース
Takumu Nakano

4大会連続で
WBC大会通訳を務めた
小島克典氏の証言

「今回の日本代表は群を抜いて結束力が強い」

第2回大会から4大会連続でWBC大会通訳を務めた小島克典氏。重要な仕事のひとつが公式記者会見での同時通訳だ。会見を間近で見た小島氏だから知る、監督、選手たちの印象的なエピソードを語ってもらった。

取材・文＝光石達哉

スポーツの国際大会において、通訳は欠かせない存在だ。今大会ではロサンゼルス・エンゼルスで大谷翔平の専属通訳を務める水原一平氏が侍ジャパンに同行し、裏方としても注目を集めた。

国際大会の場合、通訳はチーム専属のほかに大会全体の公式通訳も存在する。小島克典氏は4大会連続でWBC大会公式通訳を務め、大会を支えてきた一人だ。

「私の仕事は一番わかりやすいところだと公式記者会見の同時通訳です。WBCはMLB主催の大会なので、記者会見は日本語と英語と両方で出さないといけない。あとは大会前の監督会議。各国の監督が集まってローカル・ルールの説明をする場です。たとえば、ドーム球場で初めてプレーするチームもあるので、天井にボールが当たったらどうなるかなどを確認します」

今大会から始まった「試合前会見」への不安

それ以外にもさまざまな場面で通訳を求められることがあるという。

「大会中はイレギュラーなことがよく起きるんですね。今大会でいうと、準々決勝の日（3月17日）にルール変更が発表されました。本来なら準決勝で日本とアメリカが当たるはずが、決勝まで対戦しないことになった。MLBが英語で発表した変更内容を日本語に通訳しました。そのほかに、試合後のヒーローインタビューでは、海外出場国のヒーロー選手が英語話者だったことで急きょ、お立ち台に上がって通訳したことや、MLBコミッショナーの声明文を東京ドームのスタンドに向かって通訳したこともあります」

野球の世界一決定戦として始まったWBCだが、当初はメジャーリーガーがレギュラーシーズンを優先して代表入りに難色を示すなど、大会の重みや価値に疑問を挟む声もあった。しかし、回を重ねるごとに注目度も上がり、今大会は過去最高とも言える盛り上がりを見せた。小島氏も通訳の仕事を通じてそれを実感していた。

「一番驚いたのは、私が関わった過去3大会と比べて、海外からのメディアの数が圧倒的に多かったこと。注目度が高まってきていると感じました。過去の大会でも日本ラウンドでは日本メディアのクレデンシャル（取材パス）はずっと満枠でしたが、今大会はアメリカのMLB・COM（MLB公式サイト）を筆頭に、アメリカ本国からの記者が多かった。東京ラウンドだけでなく、台湾ラウンドにも海外メディアがたくさん来ていたと聞いています。記者の数が増えたということは、大会の盛り上がりと比例しているんじゃないかなと思い、通訳としてやりがいがありました」

メディアの注目度が上がったことを象徴する変化はほかにもあった。今まで公式記者会見は試合後だけだったが、試合前にも行われるようになったことだ。

「国際大会だと試合前の記者会見はスタンダード。メジャーはプレーオフでも試合前会見をやっているので慣れて

MLB流の記者会見に臨む栗山監督

いると思うんです。しかし、日本にはそういう文化はないし、手の内を隠したいとか、試合前は多くを語らないという美意識がある国ですよね。さらに、試合前会見のようなルール変更も本大会直前の強化試合の頃に決まり、監督や選手も聞いていないし、通訳する私も聞いていなかった。『定着しないと思う』と私も言いました。日本だけでなく、韓国、台湾も、できれば避けたいみたいなことを言っていたらしいです。結局、WBCはMLBが主催する大会なので、MLBが『やります』と決定して行わるようになりました」

試合前会見は、チームの打撃練習の前後に行われた。午後7時試合開始の場合は午後4時台に各チーム10分ずつ行われた（試合後は各チーム20分）。試合前会見に出席するのは、監督と選手1人以上が原則だった。

「試合前に監督が話すことはまだ想像できるけれど、選手が話すのは慣れてないだろうと思いましたね。最初（3月9日、中国戦）に来たのは、栗山（英樹）監督と中村（悠平＝東京ヤクルトスワローズ）捕手でした。試合直前の記者会見は不慣れな選手にはストレスだったと思いますが、回数を重ねて徐々になじんできた感はありました。出席した以上は、みなさんプロの監督、プロの選手として記者会見に臨みます

侍ジャパンの結束力を表す象徴となったペッパーミル・パフォーマンス

から、私もプロの通訳として彼らの言葉をちゃんとリレーすることを心がけました」

当初は戸惑いもあった試合前会見だが、メディアを通して大会を盛り上げるという点で大きな意義があったと小島氏は振り返る。

「これだけネットメディアが発達していると、どこもコンテンツが欲しいですよね。試合前会見がコンテンツ化されたものがSNSで拡散されていく。SNS時代の国際大会はコンテンツを増やしてくことが重要だなと思いました。記者会見の数が1試合2回から4回になった分、私もちょっと疲れましたが、心地よい疲労感でした」

イタリア代表の口ヒゲ 韓国代表のキムチ

今大会、小島氏は大会前の強化試合から東京ドームでの準々決勝ラウンドまで、大会に同行して通訳を務めた。来日した各国代表チームとの舞台裏での交流も貴重な思い出となっている。

「準々決勝ラウンドで来日したイタリア代表が、みな口ヒゲを生やしていたのは印象的でしたね。マイク・ピアザ監督をはじめ、大谷選手のチームメートのダビッド・フレッチャーも普段は生やしていない口ヒゲを生やしていた。彼らに聞いてみたら、イタリア代表はメジャーリーガー、マイナーリーガーを含めてほぼ即席チームで、チーム内でお互いを知らない選手も多かったそうです。イタリア国籍じゃない選手やイタリアにあまり行ったことがない選手もいたわけですが、国を背負ってプレーする以上、チームを一つに束ねるうえで、よりイタリア人らしくしようとなったそうです。鼻が高くて口ヒゲを生やすとイタリア人っぽいけれど、鼻の高さは変えられないから、口ヒゲだけ伸ばしたということですね。いろんな選手が集まり、準備期間が少ないなかでチームをまとめる工夫をしていましたね」

そのイタリア代表はベンチにエスプレッソマシンを持ち込んでいたというが、韓国代表にとってはキムチが欠かせないものだった。

「韓国代表は毎大会来るたびに、ものすごい量のキムチを滞在先のホテルに持ってくる。日本ラウンドを突破して、決勝ラウンドでアメリカに行く分まで見据えた大量のキムチを。以前の国際試合では、日本ラウンドで敗退した時に、私たち日本人スタッフに『キムチ、要りませんか』と声をかけてくれました。その時はたまたま車で来ていたこともあり、大量のキムチをいただきました。今回もそうだったのですが、車がなかったのでお気持ちだけいただきました」

「ペッパーミル」ブームの原点に大谷翔平あり!?

劇的な勝利を積み重ねて3大会ぶりの優勝をつかんだ侍ジャパン。小島氏が感じた強さの要因は、史上最高とも言えるチームワーク、結束力だった。

「もちろん、過去の大会のチームが仲が悪かったということはないんですが、今大会は群を抜いて結束力が強かったと感じました。まさに〝ワンチーム〟でした」

それは、記者会見場でのちょっとした表情やしぐさからも読み取れた。

「公式記者会見には、先ほどもお話ししたように監督と選手だったり、選手数人だったり複数で出席する場合もありますが、話すときの間やアイコンタクトに垣間見えるコミュニケーション、いわゆるノンバーバル（非言語）コミュニケーションがすごく豊かで、本当に信頼し合っているなとわかりました」

今大会、侍ジャパンの結束力を表す象徴のひとつがペッパーミル・パフォーマンスだろう。チーム内だけでなく、日本中を席巻する大ブームとなった。そのきっかけは、大谷とラーズ・ヌートバー（セントルイス・カージナルス）の何気ない会話から始まったという。

「ヌートバー選手はあまり日本語が得意ではなかったので、彼の言葉を通訳する機会は多かったです。記者会見でも説明していましたが、あのパフォーマンスは、大谷選手とヌートバー選手が互いのチームで『はやっているセレブレーション・パフォーマンスは何？』という会話から生まれました。誰でもできる簡単なものがいいね、みたいな文脈だったと記憶しています。まさか今大会の一大パフォーマンスに定着するなんて、初めて聞いた時はまったく想像できませんでした」

小島氏は当時、話を聞きながらこのパフォーマンスの何が面白いのだろうと最初は疑問だった。

「『こしょうひき』という英語の意味はわかりますが、野球のパフォーマンスとペッパーミルに何の関係があるのだろう？　意味がわからないなあと思いながら訳していたのは記憶しています。これがペッパーミルの裏話かもしれないですね」

「勝ちきる」「信じる」栗山監督の熱量ある言葉

冒頭でも触れたように、公式記者会見での小島氏の役割は同時通訳。ヒーローインタビューのように話を聞き終わってから訳す逐次通訳と違い、膨大な量のコメントを瞬時に頭の中で翻訳することはハードな作業だという。

「私は同時通訳するうえで、あまり記憶しないようにしているんです。一時記憶でコメントを頭にとどめてはいますが、どんどん流していかないとパンクしちゃう。ニュースを見て、このコメントは自分が訳したなと思い出すぐらいです」

それでも、侍ジャパンを率いた栗山監督の会見は印象に残るものがあったという。

「過去の代表監督、原（辰徳）さん、山本浩二さん、小久保（裕紀）さんも言葉に重みがありましたが、栗山さんはそこに熱量が加わっていました」

とくに心を動かされたのが、佐々木朗希（千葉ロッテマリーンズ）が先発した3月11日の1次ラウンド、チェコ戦だった。

「東日本大震災で被災した佐々木投手が3・11に登板したのは、エモーショナルなシーンでしたね。栗山監督が試合前会見で目に涙をためながら話をされていて、いろんな思いが去来されているんだなと思ったし、それに佐々木投手がピッチングで見事に応えた。通訳するうえで、私は自分の感情レベルはあまり上下させないように心がけていますが、あのシーンは感極まるものがありました」

栗山監督が繰り返し使っていた言葉も小島氏の記憶に刻まれた。

「栗山さんは、単に『勝つ』ではなく『勝ちきる』という表現をよく使われるんです。そういう言葉のチョイスも印象的でした。私たちは『勝ちきる』という言葉だけを訳すことはないので文脈によって変化するんですが、たとえば『finish strong』と訳したこともありますね」

「finish strong」は直訳すると「力強く終わる」となるが、スポーツの世界ではよく使われる英語表現で、「最後まで頑張る」「全力を出しきる」などのニュアンスを持つという。さらに、栗山監督の「信じる」という言葉にも小島氏は侍ジャパンの結束力の一端を見ていた。

「『信じる』という言葉の裏には、選手との間の信頼関係がないといけない。そうでないと、全世界に配信される場で『信じる』なんて言えないと思うんです。だからこそ、そこに至るまでのプロセスはいろんな苦労があったんだろうなと想像しながら通訳していました」

長年、球界で通訳として活躍する小島氏にとっても第5回WBCは忘れられない大会となった。

「コロナ禍が明けて初めての大会で、私もそうだけど選手もファンも野球や国際大会に飢えていた。その分のプラスアルファのエネルギーを感じましたね。国と国が戦争ではなく、ルールに則（のっと）って勝敗を決めるスポーツっていいな、国際大会っていいなと思いました。今回、侍ジャパンが優勝したことは、大会に携わるものとして誇らしいし、うれしかったですね。第2回大会優勝とは違った、格別のうれしさがありました」

こじま・かつのり

1973年生まれ、神奈川県出身。96年アトランタ五輪で野球日本代表チームの通訳を務める。97年から横浜（当時）で通訳兼広報、2002年からMLBのジャイアンツとメッツで新庄剛志氏（現日本ハム監督）の通訳を歴任。五輪決勝戦、日本シリーズ、ワールドシリーズすべてにベンチ入りした。WBCは09年第2回大会から4大会連続で大会通訳

プロ野球OBが見た「侍ジャパン」①

里崎智也

Tomoya Satozaki

日本代表は何人もメジャーリーガーになれる

さとざき・ともや

1976年生まれ、徳島県出身。鳴門工（当時）－帝京大。98年ドラフト2位でロッテ入団。2005年日本一の立役者。NPB通算1089試合出場、打率.256、108本塁打、458打点。06年WBCでは打率.409、1本塁打、5打点でベストナイン。08年北京五輪代表。現在は野球解説者

２００６年の第1回ＷＢＣ優勝メンバーの里崎智也氏は今大会、ネット配信の「Ａｍａｚｏｎプライム」中継で解説を担当。1次ラウンド初戦の中国戦（東京ドーム）では王貞治氏（福岡ソフトバンクホークス会長）とダブル解説を務めた。

２００６年優勝時の監督、選手の間柄とあって解説席は盛り上がり、かつて早稲田実業高校で「エースで4番」を務め、読売ジャイアンツに入団した王会長に「王さんも最初は二刀流」と振ると、王会長が「（投手は）2週間でクビになりましたから」と、レジェンドからぶっちゃけエピソードを引き出す手腕も見せた。

放送席から見つめ続けた今回のＷＢＣ。大谷翔平（ロサンゼルス・エンゼルス）、ダルビッシュ有（サンディエゴ・パドレス）以外のキーマンとして、里崎氏は近藤健介（福岡ソフトバンクホークス）の名を挙げる。

侍ジャパンでは、打線中軸を担うはずの鈴木誠也（シカゴ・カブス）が、左脇腹負傷で2月に出場を辞退。打順構想を組み替える必要に迫られた。「代役」の近藤は東京開催の1次ラウンド全4試合に「2番・右翼」で先発出場し、打率4割6分7厘、出塁率は6割。鈴木が抜けた穴を補ってあまりある活躍で、「侍ジャパン」のスタートダッシュを支えた。

近藤の活躍で打順固定 今永の好調で「豪華リレー」実現

近藤が好調なこともあり、打順は大会を通してほぼ固定化された。1番を中堅手のラーズ・ヌートバー（セントルイス・カージナルス）が務め、2番に右翼・近藤、そしてＤＨ大谷が3番。当初4番を務めていた三塁・村上宗隆（東京ヤクルトスワローズ）は、5番の左翼・吉田正尚（ボストン・レッドソックス）と入れ替わったが、6番以降は一塁・岡本和真（巨人）、二塁・山田哲人（ヤクルト）または牧秀悟（横浜ＤｅＮＡベイスターズ）、遊撃・源田壮亮（埼玉西武ライオンズ）、捕手・甲斐拓也（ソフトバンク）または中村悠平（ヤクルト）というラインナップだった。

「鈴木選手が出場していたら、近藤選手は先発メンバーでは出ていないですし、打順も変わっていたでしょう。前倒しで大谷選手が2番に入ったかもしれない。4番、5番は村上選手、吉田選手で入れ替えましたが、吉田選手がもし3番だったら、打順を大幅に変えざるを得なかった。打順が変わると流れが変わる。鈴木選手の離脱を見事にカバーしきった近藤選手の活躍は大きい」

近藤が先発メンバーとして活躍したことで、打線に好循環が生まれた。

「下位打線がつくったチャンスを1、2番が広げ、続く大谷、吉田両選手につなぐ。だから両選手の打点も上がった。そういった意味でも、近藤選手の存在感と役割と結果は、非常に大きかったと思います」

投手陣では、リリーフと先発の一人二役を務めた今永昇太（横浜ＤｅＮＡベイスターズ）の貢献ぶりを評価。

日本代表は1次ラウンドの韓国戦で、先発のダルビッシュが3回3失点。今永は1点勝ち越した直後の4回から第2先発としてマウンドに上がり、2死後に梁義智（ヤンウィジ）へ投じた球が自己最速１５４キロを計測するなど、3回1失点で後続の投手へつないだ。そして、決勝アメリカ戦の大舞台で先発に指名された。今永が先発で好投したからこそ、決勝の舞台でダルビッシュ—大谷のリレーが実現したとも言える。

「1次ラウンドの韓国戦でダルビッシュ投手が失点したあと、打線はすぐに逆転しました。試合がバタついているなかで、今永投手がしっかり抑え

きったことによって悪い流れを止めたのだと思います。状態がいいから決勝もすんなり先発を任せられた。しかも、第2先発としてリリーフをしながら、最後の決勝は先発ですから」

　里崎氏は2006年大会で全8試合のうち7試合でスタメンマスクをかぶった。今回のWBCでは、決勝の9回に捕手・中村が練習を通しても初めて大谷の球を受け、そのまま優勝するというシーンがあった。この「初めて」について驚く向きもあったが、里崎氏は日本のトップ選手である中村ができないわけがないと断言する。

「これも大げさに言えば『普通』です。もちろん、どんな球種を投げてくるかがわからなければ捕れませんよ。でも、あの場面は1イニングの勝負であり、大谷選手が投げてくるのは直球とスライダー。大谷選手は投げる前に首を振ることもありました。つまり、大会中は基本的に大谷選手が投げたい球を投げてきたわけです。加えて、大谷選手から中村捕手に『甘めに構えておいてくれたらいい』という言葉もあった。だから、あの1イニングに繊細なコミュニケーションはいらない。トップの選手ですから、そういう場面であればできるんです」

日本の強さ、おわかりいただけたでしょうか

　今大会のアメリカ代表はドリームチームだった。MVP3度受賞の現役ナンバーワンプレーヤーのマイク・トラウト（エンゼルス）、2022年MVPのポール・ゴールドシュミット（セントルイス・カージナルス）、2018年MVPの5ツール・プレーヤー、ムーキー・ベッツ（ロサンゼルス・ドジャース）、2022年ナ・リーグ本塁打王のカイル・シュワーバー（フィラデルフィア・フィリーズ）……。現代のMLBを代表する選手たちが集結した。

　これまでMLBの選手たちはWBCへの関心、出場意欲が薄いといわれてきたが、思い起こせば2006年の第1回大会も、今回のようなドリームチームだった。投手陣はMLB通算354勝で、サイ・ヤング賞史上最多7度受賞のロジャー・クレメンス、2007年に同賞を含め投手三冠のジェイク・ピービー、打線には名門ニューヨーク・ヤンキースきっての大スターで3000安打のデレク・ジーター、5度の本塁打王と3度のMVPに輝いたアレックス・ロドリゲス、そして3年連続を含む本塁打王4回のケン・グリフィーJr.らがいた（記録、タイトルはすべて最終）。

　第1回大会は今回とは試合形式が異なり、総当たりの第1ラウンドは上位2チームが勝ち上がり、第2ラウンドでも総当たり。その上位2チームが準決勝に進むという流れだった。日本は第2ラウンドまでに韓国に2度敗れ、そしてアメリカに同ラウンドでサヨナラ負けを喫しながらも決勝まで勝ち上がり、キューバを10－6で破った。

“控え予定”だった近藤の好調で打順が固定され、「打線」が機能した

「名前だけ言ったら、2006年のアメリカ代表が一番凄いかもしれないですね。大会形式が違うので成績は一概に比較できませんが、2006年の日本代表も今大会の9本を上回る10本塁打を打っているんですよ。現在は詳細なデータの専門会社があったり、ネットで誰もが対戦国のデータや映像を見たりしていますが、当時はSNSもほとんどなければ、携帯電話だってガラケー。だから僕は、第1回大会は感性で勝負していました。それが当たり前の時代でしたからね。今大会の日本代表が特別なのではなく、日本の野球が強いことが証明されたのだと思います。MLBの選手が何人、とよく人数を数えて表現されますが、日本はフリーエージェント（FA）の問題があって移籍できないからメジャーリーガーが少ないだけ。今すぐできたら、今回の日本代表から何人もメジャーリーガーになれますよ。日本の強さ、おわかりいただけたでしょうか、という大会なんです（笑）」

（取材・文＝丸井乙生）

プロ野球OBが見た「侍ジャパン」②

川崎宗則

Munenori Kawasaki

現代社会が求めるものとマッチしたWBCだった

かわさき・むねのり
1981年生まれ、鹿児島県出身。99年ドラフト4位でダイエー入団。2012年からMLB3球団でプレー。17年にホークス復帰。19年は台湾球界を経て現在は栃木ゴールデンブレーブス。WBCは06、09年に出場し連覇。180センチ、75キロ。右投げ左打ち

侍ジャパンの宮崎強化合宿直前。海の向こうでダルビッシュ有（サンディエゴ・パドレス）が発したメッセージに、42歳を迎える今年も栃木ゴールデンブレーブスで現役を続ける川崎宗則はうなずいていた。

「戦争に行くのではない。気負い過ぎ」

川崎は2006年第1回大会から連覇を経験したからこそ、共感していた。

「本当にその通り。日本はWBCで2回優勝していたことで、どうしても優勝が当たり前になっている。メディアが盛り上がってくれるのは本当にいいことですが、みんなが過剰に期待してしまう。僕は当時、そこが苦しかった。国際大会では、プレッシャーから野球を楽しめない選手も多いと聞きます。それがWBCの戦いであるので仕方ないとみる向きもありますが、僕はそうは言えない。ダルビッシュ選手の気持ちがよくわかりました」

侍ジャパンでは、まずはダルビッシュが2月の宮崎強化合宿初日から合流。そして、大谷翔平（ロサンゼルス・エンゼルス）はアメリカで調整したうえで、実戦から参加した。この二人がグラウンド内外でもたらした影響は大きい。川崎は、彼らに2006、2009年大会でチームを牽引したイチロー（現シアトル・マリナーズ会長付特別補佐兼インストラクター）の姿を重ねる。

「あの時はイチローさんがみんなを引っ張ってくれました。先頭で戦う、まさしく大谷選手のような役割。さらに今回のダルビッシュ投手のように、僕らにもいろいろ声をかけて、リラックスさせてくれる役割。今回のダルビッシュ投手と大谷選手を足して、かける2がイチローさんです」

ダルビッシュ、そして大谷は日本代表の若手選手たちに、メジャー流の新たな知識を惜しみなく伝えた。その一例が投球前のマッサージ、投球後のアイシングを不要とする考え方だ。アイシングは、1980年代以降は必要不可欠とされていた。

「僕がアメリカにいた時も、日本とは異なる部分がありました。とくにたくさん練習したらうまくなるという考え方の日本とは違った。野球は瞬発的な動きをする競技なので、長い距離を走るよりも、短い距離をとにかく速く走ることが大事。充実した練習も必要でありつつ、休養することも練習のひとつ。アメリカではこれらが徹底されていました。メジャーはどんどんチャレンジするんです。今はほかのことも、もっと違うのかもしれませんね」

侍ジャパンの雰囲気にはパ・リーグの〝ノリ〟があった

一方で、日本代表には大谷をはじめ、村上宗隆（東京ヤクルトスワローズ）や吉田正尚（ボストン・レッドソックス）ら筋骨隆々とした選手が並ぶようになった。ウエートトレーニングの重要性は日本の球界にも広まり、とくに、福岡ソフトバンクホークスはその先駆けといわれる。川崎は2000〜2011年にホークスで自身を鍛え上げた。ウエートトレを重視する考え方、そして侍ジャパンの和気あいあいとした雰囲気はパ・リーグの〝文化〟だった。

「ソフトバンクでは、先輩たちがメジャーと同じようにパーソナルトレーナーをつけていたので、僕らもそれを真似しました。相手チームにもトレーニング場を貸していて、球団を問わず、選手同士でいろんな情報を共有し合っていました。ダルビッシュ投手も日本ハムにいた時は、よくホークスのトレーニングルームに来て、ホークスのトレーナーがトレーニングを手伝っていました（笑）。普通ならあり得ないかもしれないけれど、そういう枠を越えるからこそプロ野球は面白い。『この球団に入ってよかった』だけではな

く、『プロ野球に入ってよかった』と思えるような12球団にしないといけないですよね」

準決勝のサヨナラ勝ちには、感涙にむせびながらテレビ番組でコメント。解説者としてもWBCを見守った川崎は、野手では村上、投手では今永昇太（横浜DeNAベイスターズ）もキーマンに挙げる。

「大谷選手のフリー打撃を真後ろで見た選手たちが、みんな『凄い凄い』と言っているなか、村上選手の顔だけは険しかった。彼の打撃がさらに成長するきっかけになった時間だと思います。打撃不振で苦しんだ時期もありましたが、準決勝で村上選手がサヨナラ打を決めて、僕自身もホッとしました。投手では、決勝戦で先発を任された今永選手も凄かった。それまで第2先発で調整していたので、調整は大変だったと思います。ものすごい〝守備範囲〟です」

「第2先発」「先発」と“守備範囲”の広さを見せた今永を評価

スモール・ベースボール改め「スマート・ベースボール」

日本の野球はかつて、その機動力と小技から「スモール・ベースボール」と形容されたが、川崎は今回の日本代表に進化をみている。

「投手も打者もパワーがつき、長打を打てるようなチームになりました。まさしく賢い『スマート・ベースボール』。栗山監督には『エンジョイ・ベースボール』も念頭にあったと思います。よく『エンジョイ○○』という言葉が使われるようになりましたが、単に『楽しむ』のではなく、実力を発揮して試合を味わうという意味。アメリカの野球にも詳しい栗山監督は、さらに『Play Hard』――激しくプレーする、そんな野球を世界に見せたかったのではないでしょうか。

進化だけではない。「野球文化」としても、今回の日本代表は無形の財産を残したとみている。

「今大会一番のポインは『リスペクト』。スポーツマンシップを非常に感じました。佐々木朗希投手（千葉ロッテマリーンズ）が死球をぶつけてしまった選手にお菓子をプレゼントしたことも、韓国戦で大谷選手が整列の時に丁寧なお辞儀をした所作もカッコいい。相手に日本と対戦してよかった、もう一度戦いたいと思ってもらえるようなチームでした。スポーツならではの感動があるんです。プロならば、トレーニングを重ねていいプレーを見せる。ユニホームを脱いだらジェントルマンであるべき。そういう姿が、2023年WBCの日本代表だった。誰かと共存し、相手を思いやり、幸せな時間を過ごす。今回のWBCを見て、幸せな時間を過ごせましたよね？　現代社会が求めるものと、とてもマッチしたWBCだったと思います」

大谷、村上、佐々木ら今回の日本代表は幼少時代、川崎たちの活躍を見てWBC出場を思い描いた。川崎は今、独立リーグで現役選手を続けながら、子どもたちに野球を指導している。今回の日本代表を見た少年少女たちはどう思うだろうか。

「きっと、卒業文集にWBCに出たいと書くと思います（笑）。WBCに出たい、優勝したい、と初めて思うことが大事。そのお手伝いをできるのは大人。環境をつくっていかなくてはなりません。僕も試合を見ながら、あのなかでプレーできたら楽しいだろうなと感じていました。みんなとワイワイやりながら、リスペクトあり、Play Hardあり。あのようなチームでプレーできれば、自分の野球人生も楽しいですし、たくさんのことを仲間と共有できる。そんなチームをつくってくれた栗山監督を含め、侍ジャパンのスタッフのみなさんには心から感謝しています」

（取材・文=丸井乙生）

プロ野球OBが見た「侍ジャパン」③

五十嵐亮太

Ryota Igarashi

あの輪に入りたいと思わせる魅力的なチーム

　大会前、五十嵐亮太氏は書籍『WBC2023 史上最強「侍ジャパン」パーフェクトデータブック』(宝島社)のなかで、侍ジャパンのベストスタメンの捕手に中村悠平(東京ヤクルトスワローズ)の名前を挙げていた。配球面と打力を評価したのだが、その予想が的中する。準決勝メキシコ戦、決勝アメリカ戦で先発マスクをかぶり、14年ぶりの覇権奪回に大きく貢献した。

「アメリカ相手に無難なリードでは絶対に抑えきれない。中村捕手は初球から内角にどんどん投げさせるなど、外角の変化球の使い方を含め、両サイドの配球が非常にうまかった。打者は内角を気にすると外角が遠くなる。基本中の基本ですが、『どこで内角を使うか』が非常に難しいんです。常に思い切ればいいわけではない。中村捕手はその配球のバランスが絶妙。投手からすると、内角を狙った球が真ん中に入ると長打のリスクがありますが、中村捕手のリードに首を振る場面が少なかった。信頼関係ができあがっているからこそ、投手陣は堂々たる投球ができたのではないかと思います」

　今大会は侍ジャパンの投手力が高く評価された。その象徴が決勝アメリカ戦だった。先発・今永昇太(横浜DeNAベイスターズ)から継投でつなぎ、ダルビッシュ有(サンディエゴ・パドレス)、大谷翔平(ロサンゼルス・エンゼルス)が締め、強力打線をソロ2発の2失点のみに防いだ。NPB公式球とWBC公式球ではボールの大きさ、縫い目の高さが違うため、これまで対応に苦しむ投手たちが少なくなかったが、今大会ではきっちりアジャストしていた。

「短期間でボールの違いに対応し、各投手が素晴らしい球を投げていた。とくに若い投手にはMLBのスカウトが注目し続けるのではと思います。今永投手、戸郷翔征投手(読売ジャイアンツ)はとくによかった。アメリカ戦では投げる投手とイニングがあらかじめ決められていて、勝っている試合展開で大勢、ダルビッシュ、大谷の各投手という継投策でした。首脳陣が描いたイメージ通りに試合が進み、最高のシナリオだったと思います」

ブルペンで全力では投げない大谷が決勝の時だけは違った

　この試合に「3番・DH」で先発出場した大谷は試合途中にブルペンを2度往復し、9回の登板に向けて準備していた。現役時代、日米通算906試合に登板した五十嵐氏には、この光景はどう映っただろうか。

「いや、もう信じられないですよ(笑)。そもそも指名打者で出場して、どうやって肩をつくるのかという問題がある。実際に肩をつくるとなったら、こういうふうにつくるんだと目の当たりにしましたが、できるかと言われたら、できない。打順を気にしながら投手で投げるために肩をつくって準備するとなると、なかなか集中力が保てない。少ないことをきっちりやるほうが集中できるし、力を発揮できる。多くのことをやっているにもかかわらずグラウンド上で見せるパフォーマンスが落ちない。これは本当に凄いことです。

　日本ハム時代の大谷選手の女房役であり、今大会ブルペン捕手を務めた鶴岡慎也さんにお話を聞いたのですが、『ブルペンでは普段の登板前は全力で投げないのに、あの日だけは全力で投げていた』そうです。大谷選手にとっても特別な試合という思いがあったのでしょう。実現不可能と思われることを叶えてしまう大谷選手は海外で『ユニコーン』(神話級の存在)と呼ばれていますが、まさにその通り。大谷選手が凄いのはもちろんですが、実現させた栗山監督も凄い。夢があるというか、メッセージが込められた起用法で

いがらし・りょうた
1979年生まれ、北海道出身。千葉敬愛学園高から97年ドラフト2位でヤクルト入団。2009年オフ、海外FAでメッツ入り。その後ブルージェイズ、ヤンキース。13年ソフトバンクで日本球界復帰、20年ヤクルトで引退。日米通算70勝70セーブ。現在は野球解説者

したね」

五十嵐氏によれば、大谷は大会期間中におよそ220キロのバーベルを持ち上げるスクワットのトレーニングをしていたという。スクワットで150～160キロを持ち上げる選手はいるが、200キロ以上の選手は皆無だったため衝撃を受けたそうだ。

「人は自分の限界がある程度わかるし、決めてしまう。彼の言動、取り組みを見ていると、限界は決めてはいけない、先入観による『当たり前』とか『常識』を持ってはいけないと教えてくれる。自分でやっていると現実が見えてくるけれど、彼はクリアするために何をすべきか、枝分かれしているテーマを一つずつクリアできる。やることが多くなると人は嫌になるし、基本的に人は楽をしたい。大谷選手は自分で設定した目標を実現するための努力の仕方、時間の使い方が人と違うからこそ、成績を残せるんだなと感じます」

侍ジャパンは機動力と小技を使って得点を重ねる「スモール・ベースボール」のイメージが強かったが、今大会は違った。

「イメージをいい意味で覆してくれた。パワーでも世界で通用する。日本もこういう野球ができるんだという勇気を与えられたと思います。ここでもMLBのトップレベルで活躍している大谷選手の影響は大きいと思う。バットを折りながらも、そしてタイミングを外されて片膝をついても本塁打を打つ。芯に当たったら看板に直撃する。MLBのトッププレーヤーはこんなパフォーマンス、こんな練習をするんだということをほかの選手は間近に知ることができた。大谷選手に刺激を受けて、取り組み方を変える選手が出てきただろうし、日本の野球の未来に大きな影響を与えている選手であることは間違いありません」

ダルビッシュがいたから チームがまとまった

大谷とともにチームを引っ張った功労者がいる。MLB組で唯一、宮崎での強化合宿初日から参加したダルビッシュだ。チーム最年長右腕は若手投手たちと積極的にコミュニケーションを取り、助言を惜しまなかった。グラウンド外でも食事会を開くことで絆を深めた。

準決勝、決勝で先発マスクをかぶった中村

「ダルビッシュ投手は日本、米国の長所をそれぞれ知っている。選手たちが重圧に押し潰されそうな環境を察知して、『そうじゃないでしょ。野球を楽しみましょう』と発信したことで選手たちのプレッシャーが和らいだと思います。自分のトレーニングに時間を費やしたいはずなのに、ほかの選手のために使った。個人の調整を考えれば自分のペースに集中したほうがよかったのに、侍ジャパンのまとめ役を買って出てくれた。チームが勝つためにはどうすればいいのかを考えて行動していたように感じます。前向きな雰囲気をつくり出してくれた。彼がいてくれたおかげで、組織としてあれだけのまとまりができたと思います」

大谷、ダルビッシュだけではない。選手たちが互いに支え合う姿は、普段野球を見ない視聴者も夢中にさせた。

「目に見えるところで言えば、吉田選手、大谷選手。インパクトで言えば村上選手の活躍がフォーカスされますが、個人的には大谷選手の前を打つ近藤(健介)選手(福岡ソフトバンクホークス)の存在が大きかったと思います。素晴らしい選手であることはわかっていましたが、もし負けたら、ケガで大会直前に出場辞退した鈴木誠也選手(シカゴ・カブス)と比較されていた部分もあったでしょう。鈴木選手の抜けた穴を補う以上の結果を残してくれた。ラーズ・ヌートバー選手(セントルイス・カージナルス)の一生懸命に取り組む姿勢、謙虚でチームの輪に溶け込もうとする人間性に心を揺さぶられたファンも多いと思います。今回の侍ジャパンは、野球以外に注目されるストーリーがあり、野球の楽しみ方の幅が広がったように感じます。プレッシャーなどを考えると、軽々しく『出たい』とは言えないでしょうが、あの輪に入りたいなと思わせる魅力的なチームでした」

(取材・文/平尾類)

「侍ジャパン」を食で支えた日本人女性シェフが語る

愛と情熱と栄養を選手に――「弁当」に込めた想い

取材・文＝斎藤寿子

総勢6人の"侍ジャパン弁当班"。5日間で420食を作った!

侍ジャパンを"食"の面で支えた人物がいる。準決勝、決勝の舞台となった米国フロリダ州マイアミから、車で30分ほど北に位置するハリウッド。人口約15万人の街にある和食レストラン「Ceviche DOZO Sushi&Ceviche」のオーナーシェフを務める治美さんだ。

決勝ラウンドで海を渡った選手たちが、お弁当をほおばっている姿を覚えている人も多いだろう。チームがマイアミに到着した3月17日から、優勝の歓喜に沸いた同21日までの5日間、治美さんは合計420食の弁当を作り続けた。このため1週間店を閉め、弁当作りに集中した。

一本の電話がかかってきたのは、今年1月のことだった。

「日本チームの食事を作っていただけませんか?」

電話の相手は、日本野球機構(NPB)の現地コーディネート役、旅行代理店JTBロサンゼルス支店の支店長だった。

「はじめはびっくりしましたが、話を聞いてそんなチャンスはめったにないと、迷うことなくお引き受けしました」

なぜ治美さんのレストランに白羽の矢が立ったのか。侍ジャパンとの縁をつないでくれたのは、世界的に有名な日本人シェフ・松久信幸さんが世界に展開する日本食レストラン「NOBU」の元スタッフ、磯上哲也さんだった。

「『NOBU』のマイアミ店で以前働いていたシェフで、ずっと仲良くさせていただいている磯上さんがJTBの支店長と20年来の仲なのだそうです。それで支店長が彼に『以前、マイアミにいたことがありましたよね? 誰かいいシェフをご紹介してくれませんか?』と尋ねたところ、彼が一番に推してくれたのが私だったそうです。お店をお休みしなくてはいけないし、大変な仕事ではありましたが、迷うことなくお引き受けしたのは、そんな彼の気持ちにも応えたいという思いもありました」

通常の営業では20席ある「Ceviche DOZO Sushi&Ceviche」を一人で切り盛りしているが、一日に2度、各50食を用意することはさすがに無理だった。そこで、助っ人としてマイアミの日本人シェフ5人に声をかけた。
「マイアミはニューヨークやロサンゼルスと違って日本人がとても少ないんです。料理関係となるとさらに少ない。だから、同業者はみんな知り合いのようなところがあります。そのなかでも、とくに普段から仲良くしていて信頼できるシェフを誘いました。メニューひとつとっても、普段お店でやっているものとは違うものを時間内に作らなくてはいけないですし、衛生面にもしっかりと気を配りながら、チームから言われた時間に間に合うように届けなければいけない。一発勝負のようなところがありましたので、信頼関係はとても重要でした」

「弁当」になったのは治美さんの提案だった

合計6人で結成された〝侍ジャパン弁当班〟は、治美さんを含めて3人が毎日稼働。ほかの3人も仕事の都合を工面して代わる代わるシフトに入り、一日あたり4人体制を整えて弁当作りが始まった。

実は、この〝弁当スタイル〟は、治美さんの案だった。

「はじめにいただいたお話は、日本代表チームが宿泊するホテルの厨房で朝昼夜の3食を作る、ということでした。でも、その時点では日本代表がマイアミに来ることができるかどうかは準々決勝の結果次第。そのため、どこのホテルに泊まるのか、詳細は直前にならないとわからず、ホテルから『それでは厨房を貸すことは難しい』と言われたそうなんです。それで、どうしようかとなりまして……。私が『お弁当ではどうでしょう?』と提案したんです。練習会場で食べることになると聞いていたので、(ケータリングの場合は)大きなトレイを持ち運ぶのも大変ですし、それならいっそのことお弁当にすれば、選手が好きな時に好きな場所で食べることができるのではと思ったんです」

3月17日、現地時間午前2時。マイアミ空港に侍ジャパンの一行を乗せたチャーター機が到着した。時を同じくして、「Ceviche DOZO Sushi&Ceviche」では、すでに治美さんたちの弁当作りが始まっていた。

その日は午前8時に朝食を届けたあと、同10時過ぎには昼食を届けることが最初のミッションだった。合計120食を完成させ、治美さんは厨房の片付けをしながら無事に届けられたことを確認。前日夕方から始めた作業はようやく一段落した。

【17日朝食】

おにぎり、アジフライ(ソース、タルタルソース)、マカロニサラダ、肉じゃが、ミニトマト、ブロッコリー、漬物

▲

侍ジャパンが渡米後、最初に口にした朝食弁当は王道のメニュー。それが治美さんの狙いだった。

「チームからのリクエストは『食べやすいからおにぎりが欲しい』というくらいで、あとは『おいしいお弁当をお願いします』という感じでした。長時間のフライトのあとですし、ほっとするものがいいんじゃないかなと思い、最初のお弁当は日本で最もなじみのある王道のメニューにしました」

【17日昼食】

豚の角煮丼、青菜のおひたし、たたきごぼう、煮卵、紅しょうが、漬物

▲

昼食は、飽きがこないようにと、おにぎりではない丼物に。心尽くしのメニューを考え続けた。

試合がなかった18、19日は朝食50食分を作成した。

【18日朝食】

おにぎり、鮭のみそ漬け、とんかつ(ソース)、野菜の揚げびたし(なす、ピーマン、オクラ)、白菜の塩昆布漬け、マカロニサラダ、漬物

3月17日(現地時間)、治美さんたちが作った弁当を練習前に食べる吉田正尚

【19日朝食】

おにぎり、焼き肉(牛)、ナムル、ごぼうのきんぴら、マカロニサラダ、ツナのポテトコロッケ、かぶの甘酢漬け、ブロッコリー、漬物

▼

「メインにはお肉とお魚がかぶらないようにしつつ、たんぱく質が摂れるものにしました。あとは揚げ物と野菜がメインの副菜を2種類ほど。それと漬物ですね。味付けは冷めてもおいしいように、どれも少し濃いめにしました。おにぎりの具も飽きないように毎日3種類。たとえば梅干し、昆布の佃煮、ツナマヨ、塩鮭、わかめご飯、それから、たくあんを細かく刻んだものと『ゆかり』を混ぜ合わせたり、鰹(かつお)みりんのふりかけのおにぎりも作ったりしました」

【20日朝食】

おにぎり、唐揚げ(タルタルソース)、ポテトサラダ、野菜の炊き合わせ(里いも、たけのこ、にんじん、きぬさや)、ミニトマト、ブロッコリー、白菜の塩昆布漬け、漬物

▼

連日のメニューづくりも、シェフにとっては〝絶対に負けられない戦い〟。唯一、事前にリクエストされたメニューはタイミングをみながら大事にとっておいた。それは、弁当では大人気メニューの「唐揚げ」。とっておきのカードが切られたのは、準決勝メキシコ戦の朝だった。

「『唐揚げだけは絶対に食べたい』という声があると聞いていましたので、逆に少し引っ張って、準決勝の日に残していました。大事な試合の朝に唐揚げを出したら、日本代表チームのみなさんの気持ちも高まるんじゃないかなと思ったんです」

治美さんが切り盛りするレストランの店内

【20日昼食】

ちらし寿司、南蛮漬け(鶏肉)、揚げ物数種盛り合わせ

▼

決勝進出をかけた大一番は勝負メニューの投下だけでなく、盛り付けも華やかに。試合開始の午後7時に合わせ、午後2時30分という少し遅めの時間に届けられた昼食は、これまでの弁当スタイルではなく、大きなトレイにちらし寿司を詰めた。

「午後3時には球場入りして、試合開始までの好きなタイミングでそれぞれ食べるということでした。なかには食べない人もいると聞いていたので、それならお弁当を個々に配るよりも、大きなケータリングトレイに盛り合わせるというスタイルのほうがいいかなと思ったんです。そこで考えたのが、ちらし寿司。たけのこ、にんじん、かんぴょう、しいたけを甘辛く煮たものをご飯に混ぜて五目ご飯にして、その上に錦糸卵、うなぎのかば焼き、ボイル海老、れんこんの酢漬け、きぬさやを彩りよく載せました。見た目も華やかですし、ちらし寿司は日本人が好きなものだと思うので、テンションを上げてもらえたらなと思って」

3月中旬、日本はまだ肌寒い気候だったが、マイアミはすでに日中は気温が30度近くまで上がり、夜になっても20度以上と一日中半袖で過ごせるほどの気候だったという。そこで、治美さんはサイドメニューに数種類の揚げ物のほか、鶏肉と野菜の南蛮漬けを思いついた。

「マイアミの気候は3月でも本当に蒸し暑いので、冷たくて酸っぱいものが食べたくなるんじゃないかなと」

準決勝の日、2食分の作業は深夜から始まり、昼食の配達を終えると片付けや翌日の打ち合わせ。レストランを出た時には、すでに夕方になっていた。急いで帰宅し、治美さんは翌日の仕込みに備えて眠りについた。

夜11時過ぎに起きると、ちょうど準決勝が終わったところだった。日本代表、決勝進出。〝侍ジャパン弁当班〟のミッションは試合を観ることではなく、チームの士気が上がる食事を作り続けること。治美さんは、すぐに着替えてレストランに向かった。

「おいしいものを食べてもらいたい」

治美さんの弁当作りも、クライマックスを迎えていた。

「侍ジャパン」を食で支えた日本人女性シェフが語る

愛と情熱と栄養を選手に――「弁当」に込めた想い

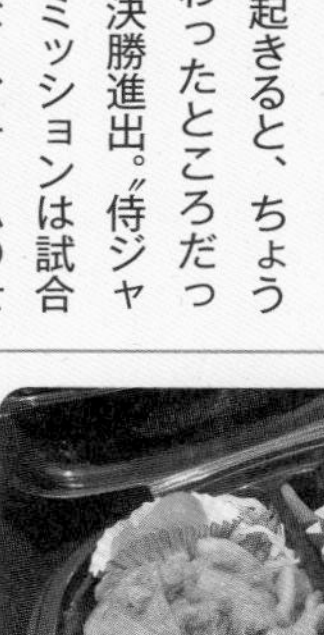

【21日朝食】

おにぎり、豚肉のしょうが焼き、かぶの甘酢漬け、アスパラガス、れんこんのきんぴら、なすの田舎煮、オクラのおひたし、白菜と油揚げの煮物、漬物

▲

決勝の日。朝8時と午後2時30分の2度、チームの宿舎に各50食の弁当を届け、選手バスに詰め込む。それが最後のミッションだ。

朝食のメインのおかずは、「最終日で疲れもたまっているだろうから」と、疲労回復にいいといわれるビタミンB群が豊富な豚肉のしょうが焼きに決めた。

【21日昼食】

太巻き（ほうれん草、きゅうり、しいたけの佃煮、かんぴょう、卵焼き、かにかま）、いなり寿司、焼きそば、揚げ物数種盛り合わせ、サラダ

▲

そして、最後の食事作りとなる昼食は「寿司」。

「ずっとおにぎりが多かったので、最後の食事は準決勝と同じようにお寿司系でいこうと考えていました。太巻きといなり寿司なら、パッとつまむにもいいかなと」

すべての仕事を終えたその日、治美さんは10歳の息子と一緒に出かけた。行き先は侍ジャパン決戦の地、ローンデポ・パークだった。

「決勝の日にいきなり友達から『チケットがあるから一緒に観に行かない？』と誘いの電話をもらったんです。決勝は観たいと思っていたので、うれしかったです。私も息子も野球のルールがわからなかったのですが、友達が詳しく解説してくれました。それにルールがわからなくても、会場に漂う緊張感はひしひしと伝わってきて、ドキドキしながら観ていました。優勝が決まった瞬間、ベンチから日本代表のみなさんがワーッと出てきて大喜びしている姿を見て、私も涙が止まりませんでした」

侍ジャパンの試合を観たのは、たまたま誘われた決勝だけ。選手たちと触れ合うこともなく、ひたすら縁の下の力持ちに徹した。それでも、侍ジャパンの優勝に関われたことは最上の喜び。手伝ってくれた友人のシェフたちもみな、誇らしい気持ちを持っている。

「もし負けて、お弁当のせいだと言われたらどうしようと考えたこともありました。でも、こんな大きな仕事をしっかりとやり遂げることができたら、すごい経験値になるだろうなと思っていました。今、やりきった感があります」

WBC終了後、治美さんのレストランには新しいメニューが加わった。日本代表のために連日作り続けたおにぎりだ。

「以前から日本のアニメや映画を見て、『あの三角形のご飯を食べてみたい』というお客さんもいて、リクエストがあった時には作っていたんです。今回のWBC期間中に、私がSNSで選手に作ったおにぎりの写真を載せたら、一気に注文が増えました。もうこれはメニューに加えようと（笑）」

具は梅干し、昆布、ツナマヨ、鮭の4種類。一番人気はツナマヨだという。

治美（はるみ）

1985年生まれ、兵庫県出身。大阪市の専門学校を卒業後、20歳の時にイギリス・ロンドンのカレッジに留学。卒業後はアルバイトをしていた日本料理店で正スタッフとして働いた。2013年にアメリカ・フロリダ州ハリウッドに移り、16年にレストラン「Ceviche DOZO Sushi&Ceviche」をオープンした。「DOZO」は日本語の「どうぞ」で、現地の人も覚えやすく言いやすいことから名付けた

16

Shohei Ohtani

大谷翔平

ロサンゼルス・エンゼルス

WBC 2023
「侍ジャパン」メンバー
3
奇跡を呼ぶ二刀流

WBC 2023
「侍ジャパン」全記録

優勝 日本

●2 3○

決勝
3月21日
（アメリカ／ローンデポ・パーク）

●2 14○

準決勝1 3月19日
（アメリカ／ローンデポ・パーク）
キューバ アメリカ

○6 5●

準決勝2 3月20日
（アメリカ／ローンデポ・パーク）
日本 メキシコ

準々決勝1 3月15・16日
（日本／東京ドーム）

○4 × 3●
キューバ プールA・1位
豪州 プールB・2位

○9 × 3●
日本 プールB・1位
イタリア プールA・2位

準々決勝2 3月17・18日
（アメリカ／ローンデポ・パーク）

○5 × 4●
メキシコ プールC・1位
プエルトリコ プールD・2位

●7 × 9○
ベネズエラ プールD・1位
アメリカ プールC・2位

プールA

順位	国	勝	負	得点	失点	打率	防御率	本
1	キューバ	2	2	25	15	.319	3.25	2
2	イタリア	2	2	20	17	.283	3.75	0
3	オランダ	2	2	13	19	.224	5.03	4
4	パナマ	2	2	19	21	.274	5.40	2
5	チャイニーズ・タイペイ	2	2	26	31	.317	7.20	5

MVP 張育成（ジャンユーチェン）（チャイニーズ・タイペイ）
4試合 打率.438 2本塁打 8打点 0盗塁

プールB

順位	国	勝	負	得点	失点	打率	防御率	本
1	日本	4	0	38	8	.326	1.50	4
2	オーストラリア	3	1	29	19	.276	5.03	6
3	韓国	2	2	40	26	.336	7.55	7
4	チェコ	1	3	16	30	.211	7.94	2
5	中国	0	4	10	50	.170	15.11	1

MVP 大谷翔平（日本）
4試合 打率.500 1本塁打 8打点 1盗塁
登板1 1勝 防御率0.00 投球回4.0 奪三振5

プールC

順位	国	勝	負	得点	失点	打率	防御率	本
1	メキシコ	3	1	27	14	.283	3.16	4
2	アメリカ	3	1	26	16	.268	4.24	4
3	カナダ	2	2	27	30	.300	8.71	6
4	イギリス	1	3	18	31	.229	7.84	3
5	コロンビア	1	3	12	19	.192	4.75	2

MVP ランディ・アロザレーナ（メキシコ）
4試合 打率.500 1本塁打 9打点 0盗塁

プールD

順位	国	勝	負	得点	失点	打率	防御率	本
1	ベネズエラ	4	0	23	15	.281	2.00	5
2	プエルトリコ	3	1	30	17	.285	2.83	2
3	ドミニカ共和国	2	2	19	19	.283	2.73	4
4	イスラエル	1	3	4	21	.155	6.82	0
5	ニカラグア	0	4	4	31	.192	4.91	1

MVP サルバドール・ペレス（ベネズエラ）
3試合 打率.500 1本塁打 5打点 0盗塁

※表の「本」は本塁打。複数チームが同じ勝率で並んだ場合、大会ルールにより、順位は同率チームとの対戦成績、次に同率チームとの対戦で1死あたりの失点数が少ないチームが順位が上になる。日付は現地時間

1次ラウンド POOL B

2023年3月9日（東京ドーム）

中国 1 × 8 日本

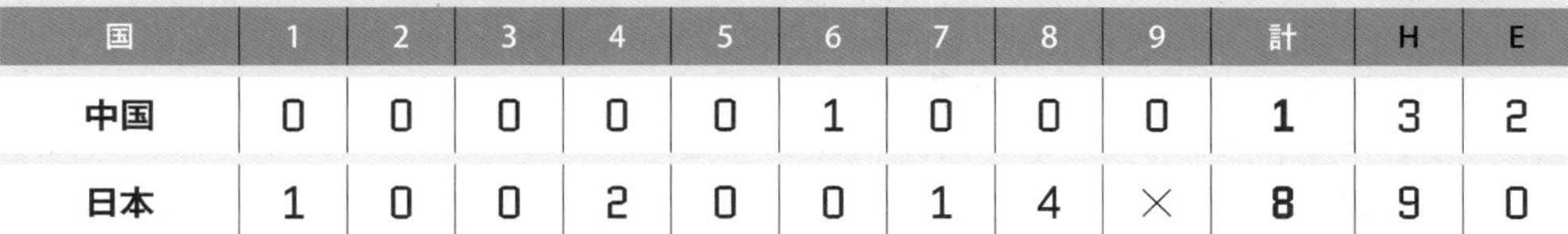

国	1	2	3	4	5	6	7	8	9	計	H	E
中国	0	0	0	0	0	1	0	0	0	1	3	2
日本	1	0	0	2	0	0	1	4	×	8	9	0

バッテリー
中国……● X.ワン、W.ワン、H.スン、C.スー、J.イー、Y.ワン － N.リ
日本……○ 大谷、戸郷、湯浅、伊藤 － 甲斐

本塁打
中国……P.リャン 1号（6回ソロ 戸郷）
日本……牧1号（7回ソロ C.スー）

打席成績

	守備	打者	通算打率	打数	安打	打点	1	2	3	4	5	6	7	8	9
1	中	ヌートバー	.500	4	2	0	中安	四球	–	一安	遊併打	–	一失	四球	–
	走中	牧原	–	0	0	0	–	–	–	–	–	–	–	–	–
2	右	近藤	.250	4	1	0	四球	四球	–	右安	–	見三振	空三振	一ゴロ	–
	走右	周東	–	0	0	0	–	–	–	–	–	–	–	–	–
3	投指	大谷	.500	4	2	2	四球	遊ゴロ	–	左2	–	四球	–	右安	中飛
4	三	村上	.000	3	0	1	四球	–	空三振	二ゴロ	–	故意四	–	空三振	–
5	左	吉田	.000	3	0	0	遊飛	–	二直	死球	–	二ゴロ	–	四球	–
6	一	岡本	.000	2	0	0	右飛	–	四球	四球	–	三ゴロ	–	四球	–
7	二	牧	.333	3	1	1	–	三ゴロ	四球	遊ゴロ	–	–	右本(1)	–	–
	二	山田	1.00	1	1	1	–	–	–	–	–	–	–	左安	–
8	遊	源田	.250	4	1	1	–	二安	投ゴロ	–	見三振	–	二ゴロ	四球	–
	遊	中野	–	0	0	0	–	–	–	–	–	–	–	–	–
9	捕	甲斐	.333	3	1	2	–	四球	–	三ゴロ	四球	–	見三振	左2	–
		合計	.290	31	9	8	–	–	–	–	–	–	–	–	–

投手成績

	投手	投球回	打者	安打	本塁打	三振	四球	死球	犠打	暴投	ボーク	失点	自責点	通算防御率
勝	大谷	4	13	1	0	5	0	0	0	0	0	0	0	0.00
	戸郷	3	12	2	1	7	1	0	0	0	0	1	1	3.00
	湯浅	1	3	0	0	3	0	0	0	0	0	0	0	0.00
	伊藤	1	3	0	0	2	0	0	0	0	0	0	0	0.00
	合計	9	31	3	1	17	1	0	0	0	0	1	1	

3大会ぶり3度目の優勝に向けた初戦は、「メジャーリーガー・大谷翔平（エンゼルス）」の二刀流日本初披露で幕を開けた。1回表、まずは投手として先発。1球目を投げる直前には、大観衆4万1616人が息をのんでマウンドを見つめたため、一瞬の静寂が訪れた。熱い注目を浴びるなか、投手としては2回にこの日最速160キロをマーク。4回1安打無失点5奪三振で、第2先発の戸郷翔征（巨人）へバトンを渡した。

打者では「3番・DH」で先発出場した。1点リードの4回、1死一、三塁から左中間フェンス直撃の2点適時二塁打。7回に牧秀悟（DeNA）の今大会侍ジャパン1号で4－1と突き放すと、8回は大谷が先頭で右前打を放ち、4点追加の口火を切った。

相手の中国は世界ランキングでは今大会ワーストの30位ながら、2016～2019年にマイアミ・マーリンズでブルペンコーチを務めたディーン・トリーナー監督が指導にあたり、昨季までソフトバンクでプレーした真砂勇介（日立製作所）も出場。若手中心の中国代表が大谷との対戦自体を喜ぶなど、国際大会ならではの場面もあった。

1次ラウンド POOL B

2023年3月10日（東京ドーム）

韓国 4×13 日本

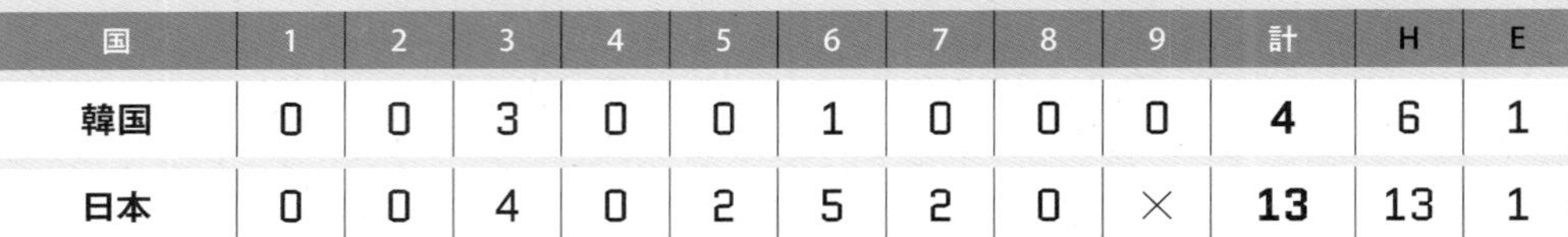

国	1	2	3	4	5	6	7	8	9	計	H	E
韓国	0	0	3	0	0	1	0	0	0	4	6	1
日本	0	0	4	0	2	5	2	0	×	13	13	1

バッテリー
韓国……●K.H.キム、T.I.ウォン、B.グァク、C.W.チョン、Y.S.キム、W.J.キム、W.Y.チョン、C.M.ク、E.L.イ、S.W.パク － E.J.ヤン
日本……○ダルビッシュ、今永、宇田川、松井、高橋宏 － 中村、大城

本塁打
韓国……E.J.ヤン2号（3回2ラン ダルビッシュ）、K.W.パク1号（6回ソロ 今永）
日本……近藤1号（5回ソロ T.I.ウォン）

打席成績

	守備	打者	通算打率	打数	安打	打点	1	2	3	4	5	6	7	8
1	中	ヌートバー	.500	4	2	1	中飛	－	中安	中飛	－	死球	右安	－
	走中	牧原	－	0	0	0	－	－	－	－	－	－	－	－
2	右	近藤	.429	3	2	3	空三振	－	中2	－	右中本(1)	四球	四球	－
3	指	大谷	.571	3	2	1	空三振	－	故意四	－	右2	右安	四球	－
4	三	村上	.000	4	0	1	－	見三振	遊飛	－	二ゴロ	左犠飛	見三振	－
5	左	吉田	.500	3	3	5	－	二安	中安	－	右犠飛	右安	四球	－
	走左	周東	－	0	0	0	－	－	－	－	－	－	－	－
6	一	岡本	.286	5	2	1	－	空三振	投直	－	中安	左安	左飛	－
7	二	牧	.125	5	0	0	－	空三振	投ゴロ	－	三ゴロ	三併打	－	二ゴロ
8	遊	源田	.250	0	0	0	－	－	四球	－	－	－	－	－
	遊	中野	.500	4	2	0	－	－	－	一ゴロ	－	右3	左安	二ゴロ
9	捕	中村	.000	2	0	0	－	－	四球	空三振	－	四球	左飛	－
	打捕	大城	.000	1	0	0	－	－	－	－	－	－	－	空三振
		合計	.338	34	13	12	－	－	－	－	－	－	－	－

投手成績

	投手	投球回	打者	安打	本塁打	三振	四球	死球	犠打	暴投	ボーク	失点	自責点	通算防御率
勝	ダルビッシュ	3	14	3	1	1	0	1	0	0	0	3	2	6.00
	今永	3	12	3	1	3	0	0	0	0	0	1	1	3.00
	宇田川	1	3	0	0	2	0	0	0	0	0	0	0	0.00
	松井	1	3	0	0	1	0	0	0	0	0	0	0	0.00
	高橋宏	1	3	0	0	1	0	0	0	0	0	0	0	0.00
	合計	9	35	6	2	8	0	1	0	0	0	4	3	

アジア最大のライバル・韓国戦。連覇した2006、2009年大会で激闘を繰り広げた相手に、13－4で大勝した。

先発はダルビッシュ有（パドレス）が凱旋登板。日本でのプレーは、2011年10月29日のクライマックスシリーズ第1戦以来4150日ぶりとなった。

日本代表は韓国と、2006年は準決勝を含め3試合、2009年は決勝を含め5試合も対戦している。そのうち、ダルビッシュは2009年大会決勝の韓国戦で9回から登板し、同点に追いつかれながらも、味方打線が2点を勝ち越した延長10回、その裏を無失点に抑えて胴上げ投手となった。

当時は日本選手最速となる約161キロをマーク。速球派として鳴らしたが、今大会では150キロ中盤の直球に5種類以上の変化球を操るという、速球派かつ技巧派の投球を披露した。

ダルビッシュは3回3失点で降板し、第2先発・今永昇太（DeNA）が3回1失点の好投。打っては、「2番・右翼」で先発出場した近藤健介（ソフトバンク）が5回にソロアーチを放つなど、投打にわたって今後の選手起用のメドがつく勝利となった。

1次ラウンドPOOL B

2023年3月11日（東京ドーム）

チェコ 2 × 10 日本

国	1	2	3	4	5	6	7	8	9	計	H	E
チェコ	1	0	0	0	1	0	0	0	0	2	4	1
日本	0	0	3	4	1	0	0	2	×	10	11	1

バッテリー
チェコ…●O.サトリア、L.フラウチ、J.トメック、T.デュフェク、F.カプカ、J.ラビノヴィッツ ― M.セルヴェンカ、D.ヴァブルサ
日本……○佐々木、宇田川、(S)宮城 ― 甲斐

本塁打
日本……牧2号(8回ソロF.カプカ)

打席成績

	守備	打者	通算打率	打数	安打	打点	1	2	3	4	5	6	7	8
1	中	ヌートバー	.455	3	1	1	空三振	–	一ゴロ	中安	–	–	–	–
	中	牧原	.500	2	1	1	–	–	–	–	左安	–	右飛	–
2	右	近藤	.455	4	2	1	見三振	–	右2	右2	左飛	–	–	–
	右	周東	.000	1	0	0	–	–	–	–	–	–	空三振	–
3	指	大谷	.500	3	1	1	一ゴロ	–	空三振	右2	–	四球	–	–
	打指	牧	.222	1	1	1	–	–	–	–	–	–	–	左本(1)
4	三	村上	.100	3	1	0	–	見三振	四球	四球	–	見三振	–	右安
5	左	吉田	.625	2	2	3	–	中安	左2	中犠飛	–	死球	–	–
	左	岡本	.286	0	0	0	–	–	–	–	–	–	–	四球
6	二	山田	.500	3	1	1	–	四球	左安	右飛	–	遊失	–	四球
7	一	山川	.250	4	1	1	–	中安	二飛	–	空三振	三併打	–	右犠飛
8	遊	中野	.333	2	0	0	–	二飛	–	四球	四球	–	四球	中直
9	捕	甲斐	.143	4	0	0	–	三ゴロ	–	投犠打	二飛	–	中直	中飛
		合計	.340	32	11	10	–	–	–	–	–	–	–	–

投手成績

	投手	投球回	打者	安打	本塁打	三振	四球	死球	犠打	暴投	ボーク	失点	自責点	通算防御率
勝	佐々木	3 2/3	17	2	0	8	2	1	0	0	0	1	0	0.00
	宇田川	1/3	1	0	0	1	0	0	0	0	0	0	0	0.00
S	宮城	5	16	2	0	7	0	0	0	1	0	1	1	1.80
	合計	9	34	4	0	16	2	1	0	1	0	2	1	

兼業選手が多いチェコ戦はスポーツマンシップにあふれた一戦となった。

2011年3月11日の東日本大震災で家族を失った佐々木朗希（ロッテ）が先発。津波で亡くした父、祖父母への思いを胸に3回2/3を2安打1失点、8奪三振に斬って取った。4回にはウィリー・エスカラ選手に死球を当ててしまったが、試合2日後の3月13日にチェコ代表の宿舎を訪れ、袋いっぱいのお菓子をプレゼントしたことが海外でも「紳士的」として話題となった。

試合は侍ジャパンが10-2で快勝した。しかし、大差がついても全力でプレーするチェコ代表の姿勢が称賛された。選手たちの大半は兼業選手で、本職は消防士、機械工、配達員、高校教師、大学生……。そして監督は神経科医という異色のメンバーだった。そのパベル・ハジム監督は日本戦に臨むにあたり、「夢のような、おとぎ話のような話」と表現。帰国前には日本代表、そして大会側の〝おもてなし〟にも感謝の言葉を口にした。スポーツの魅力は勝敗だけではない。野球ファン以外の心をもつかむ大きなきっかけとなった試合だった。

1次ラウンドPOOL B

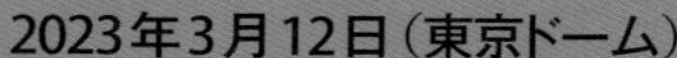
2023年3月12日（東京ドーム）

日本 7×1 オーストラリア

国	1	2	3	4	5	6	7	8	9	計	H	E
日本	3	2	0	1	1	0	0	0	0	7	10	0
オーストラリア	0	0	0	0	0	0	0	0	1	1	5	0

バッテリー
日本……………○山本、高橋奎、大勢、湯浅、高橋宏 ― 中村、大城
オーストラリア…●W.シェリフ、L.ウィルキンス、B.タウンゼント、L.ドーラン、T.ヴァンスティーンゼル、J.ガイヤー、S.ホランドー R.パーキンス、R.バタグリア

本塁打
日本……大谷1号（1回3ラン W.シェリフ）　オーストラリア……A.ホール1号（9回ソロ 高橋宏）

打席成績

	守備	打者	通算打率	打数	安打	打点	1	2	3	4	5	6	7	8	9
1	中	ヌートバー	.429	3	1	1	四球	中安	–	四球	空三振	–	空三振	–	–
2	右	近藤	.467	4	2	1	右安	右2	–	四球	空三振	–	–	中飛	–
	右	牧原	.500	0	0	0	–	–	–	–	–	–	–	–	–
3	指	大谷	.500	2	1	4	右中本(3)	故意四	–	四球	–	空三振	–	–	–
	打指	山川	.200	1	0	0	–	–	–	–	–	–	–	左直	–
4	三	村上	.143	4	1	0	中飛	二ゴロ	–	空三振	–	左安	–	四球	–
5	左	吉田	.417	4	0	0	死球	中飛	–	二直	–	投ゴロ	–	左直	–
	左	周東	.000	0	0	0	–	–	–	–	–	–	–	–	–
6	一	岡本	.200	3	0	0	空三振	–	中飛	–	四球	右飛	–	–	–
	打一	牧	.300	1	1	0	–	–	–	–	–	–	–	–	遊安
7	二	山田	.222	5	0	0	左直	–	見三振	–	中飛	–	見三振	–	見三振
8	遊	中野	.300	4	1	0	–	左安	中直	–	四球	–	二ゴロ	–	見三振
9	捕	中村	.600	3	3	1	–	一犠打	–	左安	右2	–	右2	–	–
	打捕	大城	.000	1	0	0	–	–	–	–	–	–	–	–	右直
		合計	.326	35	10	7	–	–	–	–	–	–	–	–	–

投手成績

	投手	投球回	打者	安打	本塁打	三振	四球	死球	犠打	暴投	ボーク	失点	自責点	通算防御率
勝	山本	4	13	1	0	8	0	0	0	0	0	0	0	0.00
	高橋奎	2	7	1	0	2	0	0	0	0	0	0	0	0.00
	大勢	1	3	1	0	1	0	0	0	0	0	0	0	0.00
	湯浅	1	5	1	0	0	1	0	0	0	0	0	0	0.00
	高橋宏	1	4	1	1	2	0	0	0	0	0	1	1	4.50
	合計	9	32	5	1	13	1	0	0	0	0	1	1	

東京ドームの観客が総立ちとなった。1回、無死一、二塁のチャンスに、大谷翔平（エンゼルス）がカーブを完璧にとらえた。右中間へ一直線に向かった打球は、自身が出演している看板広告を直撃する。WBCでは自身1号となる先制弾は、圧巻の120メートル3ラン。バットを振り抜いたあと、打球の行方を見届けてから歩き出す「確信歩き」を日本のファンの前で初披露した。

打線はもう止まらない。2回にも1死二塁からラーズ・ヌートバー（カージナルス）、近藤健介（ソフトバンク）の連続タイムリーで加点。4回には無死満塁から大谷が押し出しの四球で、5回には中村悠平（ヤクルト）の右越え適時二塁打でそれぞれ1点を加え、勝負を決めた。

投手陣は、2年連続投手四冠・山本由伸（オリックス）が先発した。150キロ台の速球に120キロ台のカーブなどの変化球を交え、4回1安打無失点、8奪三振という好投。山本を含む5投手のリレーで1失点に抑えた。

日本は1次ラウンド4戦全勝でプールB1位通過を決め、準々決勝に進出。日本中で〝WBC熱〟がいよいよ加熱してきた。

準々決勝

2023年3月16日（東京ドーム）

イタリア 3 × 9 日本

国	1	2	3	4	5	6	7	8	9	計	H	E
イタリア	0	0	0	0	2	0	0	1	0	3	8	1
日本	0	0	4	0	3	0	2	0	×	9	8	0

バッテリー
イタリア …R.カステラーニ、●J.ラソーラ、A.パランテ、V.ニットーリ、J.マルシアーノ、M.フェスタ、M.スタンボ ― B.サリバン
日本………○大谷、伊藤、今永、ダルビッシュ、大勢 ― 甲斐、中村

本塁打
イタリア …Do.フレッチャー 1号（8回ソロ ダルビッシュ）
日本………岡本 1号（3回3ラン J.ラソーラ）、吉田 1号（7回ソロ J.マルシアーノ）

打席成績

	守備	打者	通算打率	打数	安打	打点	1	2	3	4	5	6	7	8
1	中	ヌートバー	.368	5	1	0	左安	–	二ゴロ	見三振	–	見三振	右飛	–
2	右	近藤	.389	3	0	0	四球	–	四球	二ゴロ	–	空三振	–	見三振
3	投指	大谷	.438	4	1	0	遊直	–	投安	–	四球	遊ゴロ	–	空三振
4	左	吉田	.400	3	1	2	三邪飛	–	遊ゴロ	–	死球	–	右本(1)	–
	二	山田	.200	1	0	0	–	–	–	–	–	–	–	空三振
5	三	村上	.235	3	2	1	見三振	–	四球	–	中2	–	左2	–
6	一	岡本	.333	2	2	5	–	四球	左本(3)	–	右2	–	故意四	–
7	二	牧	.214	4	0	0	–	空三振	三ゴロ	–	右飛	–	右邪飛	–
	左	牧原	.500	0	0	0	–	–	–	–	–	–	–	–
8	遊	源田	.286	3	1	1	–	四球	–	遊ゴロ	遊飛	–	右安	–
9	捕	甲斐	.100	3	0	0	–	空三振	–	四球	空三振	–	空三振	–
	捕	中村	.600	0	0	0	–	–	–	–	–	–	–	–
	捕	合計	.313	31	8	9	–	–	–	–	–	–	–	–

投手成績

	投手	投球回	打者	安打	本塁打	三振	四球	死球	犠打	暴投	ボーク	失点	自責点	通算防御率
勝	大谷	4 2/3	21	4	0	5	1	2	0	0	0	2	2	2.08
	伊藤	1/3	1	0	0	0	0	0	0	0	0	0	0	0.00
	今永	1	3	0	0	2	0	0	0	0	0	0	0	2.25
	ダルビッシュ	2	7	2	1	1	0	0	0	0	0	1	1	5.40
	大勢	1	5	2	0	1	0	0	0	0	0	0	0	0.00
	合計	9	37	8	1	9	1	2	0	0	0	3	3	

大谷翔平（エンゼルス）が今大会2度目の投打二刀流。投げては、4回2／3回を4安打2失点、5奪三振にまとめた。打っては、3回に先制点をおぜん立て。1死一塁の場面で、相手の意表を突くバント安打を決め、その後吉田正尚（レッドソックス）の遊ゴロの間に先制の走者が還った。

さらに、打線は岡本和真（巨人）の3ランで、この回4点を奪うと、5回には、ここまで不振にあえいで4番から5番に降格した村上宗隆（ヤクルト）が復活の狼煙。無死一、二塁から、中越え適時二塁打で大会初タイムリーを放ち、場内は大盛り上がりとなった。

9－2で迎えた7回には、村上に代わって4番に座っていた吉田が先頭で右越えソロをマークするなど、打線はイタリア投手陣を粉砕した。

イタリア代表の日本とのつながりも話題となった。指揮官は、あの野茂英雄氏とかつてドジャースでバッテリーを組んだマイク・ピアザ監督。そして、デイビッド・フレッチャー選手はエンゼルスで大谷とチームメートであり、来日後はラーメン「一風堂」、寿司店で食事するなど、親日ぶりがSNSを通じて注目された。

準決勝

2023年3月20日（ローンデポ・パーク）

メキシコ 5 × 6 日本

国	1	2	3	4	5	6	7	8	9	計	H	E
メキシコ	0	0	0	3	0	0	0	2	0	5	9	0
日本	0	0	0	0	0	0	3	1	2×	6	10	0

バッテリー
メキシコ…P.サンドバル、J.アルキーディ、J.ロメロ、J.クルーズ、G.レイエス、●G.ガイェゴス － A.バーンズ
日本………佐々木、山本、湯浅、○大勢 － 中村、甲斐、大城

本塁打
メキシコ…L.ウリアス1号（4回3ラン 佐々木）
日本………吉田2号（7回3ラン J.ロメロ）

打席成績

	守備	打者	通算打率	打数	安打	打点	1	2	3	4	5	6	7	8	9
1	中	ヌートバー	.318	3	0	0	空三振	–	–	遊ゴロ	四球	–	左直	四球	–
2	右	近藤	.391	5	2	0	見三振	–	–	右安	左飛	–	右安	見三振	–
3	指	大谷	.450	4	2	0	見三振	–	–	中直	–	左安	四球	–	中2
4	左	吉田	.474	4	3	3	–	中安	–	左安	–	一ゴロ	右本(3)	–	四球
	走	周東	.000	0	0	0	–	–	–	–	–	–	–	–	–
5	三	村上	.227	5	1	2	–	空三振	–	見三振	–	空三振	三邪飛	–	中2
6	一	岡本	.286	2	0	0	–	遊併打	–	–	左飛	四球	–	死球	–
	走二	中野	.300	0	0	0	–	–	–	–	–	–	–	–	–
7	二一	山田	.308	3	2	0	–	–	空三振	–	右安	四球	–	左安	–
8	遊	源田	.222	2	0	0	–	–	投ゴロ	–	四球	左飛	–	一犠打	–
9	捕	中村	.500	1	0	0	–	–	二直	–	–	–	–	–	–
	打	牧	.200	1	0	0	–	–	–	–	遊ゴロ	–	–	–	–
	捕	甲斐	.091	1	0	0	–	–	–	–	–	–	空三振	–	–
	打	山川	.200	0	0	1	–	–	–	–	–	–	–	左犠飛	–
	捕	大城	.000	0	0	0	–	–	–	–	–	–	–	–	–
		合計	.314	31	10	6	–	–	–	–	–	–	–	–	–

投手成績

	投手	投球回	打者	安打	本塁打	三振	四球	死球	犠打	暴投	ボーク	失点	自責点	通算防御率
	佐々木	4	16	5	1	3	0	0	0	0	0	3	3	3.52
	山本	3 1/3	14	3	0	4	2	0	0	0	0	2	2	2.45
	湯浅	2/3	2	1	0	1	0	0	0	0	0	0	0	0.00
勝	大勢	1	4	0	0	1	0	1	0	0	0	0	0	0.00
	合計	9	36	9	1	9	2	1	0	0	0	5	5	4.50

　劇的な勝利に日本中が歓喜に沸いた。3点を追う7回、1死一、二塁の場面で吉田正尚（レッドソックス）がやってくれた。カウント2－2と追い込まれながら、内角低めのチェンジアップに合わせ、最後は右腕一本で振り抜いた。打球は右翼ポール際へ吸い込まれ、土壇場で同点に追いつく値千金の3ラン。レッドソックス移籍初年、代表を辞退してもおかしくない状況でも出場を決めた。その覚悟が凝縮された一発だった。

　ベンチもお祭り騒ぎだ。身を乗り出して見守っていた先発・佐々木朗希（ロッテ）はグラウンドへ飛び出し、帽子を思わず地面に全力投球。4回にルイス・ウリアス（ブルワーズ）に先制3ランを被弾した責任を感じていただけに、普段は冷静な佐々木も喜びを爆発させた。

　勢いに乗った侍ジャパンは8回に2点を勝ち越されるも、その裏に山川穂高（西武）の犠飛で1点差に迫り、9回裏を迎える。先頭・大谷が中越え二塁打、続く吉田の四球で無死一、二塁とし、村上が起死回生の逆転サヨナラ二塁打を決めた。ドラマチックな幕切れで、3大会ぶり3度目の優勝まであと1勝と迫った。

決勝

2023年3月21日（ローンデポ・パーク）

アメリカ 2 × 3 日本

国	1	2	3	4	5	6	7	8	9	計	H	E
アメリカ	0	1	0	0	0	0	0	1	0	2	9	0
日本	0	2	0	1	0	0	0	0	×	3	5	0

バッテリー
アメリカ …● M.ケリー、A.ループ、K.フリーランド、J.アダム、D.ベドナー、D.ウィリアムズ ー J.T.リアルミュート
日本………○ 今永、戸郷、高橋宏、伊藤、大勢、ダルビッシュ、(S)大谷 ー 中村

本塁打
アメリカ …T.ターナー 5号（2回ソロ 今永）、K.シュワーバー 2号（8回ソロ ダルビッシュ）
日本………村上 1号（2回ソロ M.ケリー）、岡本 2号（4回ソロ K.フリーランド）

打席成績

	守備	打者	通算打率	打数	安打	打点	1	2	3	4	5	6	7	8
1	中左	ヌートバー	.269	4	0	1	左飛	一ゴロ	–	–	右飛	右飛	–	–
2	右	近藤	.346	3	0	0	遊ゴロ	中飛	–	–	四球	–	三飛	–
3	指投	大谷	.435	3	1	0	四球	–	見三振	–	二ゴロ	–	遊安	–
4	左	吉田	.409	3	0	0	見三振	–	四球	–	投ゴロ	–	三併打	–
	中	牧原	.500	0	0	0	–	–	–	–	–	–	–	–
5	三	村上	.231	4	1	1	–	右中本(1)	二併打	–	–	空三振	–	空三振
6	一	岡本	.333	4	2	1	–	右安	–	右中本(1)	–	空三振	–	空三振
7	二	山田	.267	2	0	0	–	右飛	–	右飛	–	四球	–	四球
8	遊	源田	.250	3	1	0	–	左安	–	空三振	–	四球	–	三ゴロ
9	捕	中村	.429	1	0	0	–	四球	–	三ゴロ	–	四球	–	–
		合計	.299	27	5	3	–	–	–	–	–	–	–	–

投手成績

	投手	投球回	打者	安打	本塁打	三振	四球	死球	犠打	暴投	ボーク	失点	自責点	通算防御率
勝	今永	2	10	4	1	2	0	0	0	0	0	1	1	3.00
	戸郷	2	8	0	0	2	2	0	0	0	0	0	0	1.80
	高橋宏	1	5	2	0	2	0	0	0	0	0	0	0	3.00
	伊藤	1	3	0	0	1	0	0	0	0	0	0	0	0.00
	大勢	1	4	1	0	0	1	0	0	0	0	0	0	0.00
	ダルビッシュ	1	5	2	1	0	0	0	0	0	0	1	1	6.00
S	大谷	1	3	0	0	1	1	0	0	0	0	0	0	1.86
	合計	9	38	9	2	8	4	0	0	0	0	2	2	

ついにここまで来た。WBC、第5回にして初のアメリカとの決勝戦。先発・今永昇太（DeNA）がメジャーリーガー揃いの相手打線に2回1失点で踏ん張れば、打線は2回裏に村上宗隆（ヤクルト）の同点弾などで2－1と逆転する。4回には岡本和真（巨人）のソロで加点した。

7回までに5投手をつぎ込み、8回のマウンドにはダルビッシュ有（パドレス）。カイル・シュワーバー（フィリーズ）にソロを被弾したが、1回2安打1失点に抑える。そして9回。「3番・DH」で先発出場していた大谷翔平（エンゼルス）が、右半身と左のすねに泥が付いたままのユニホームでマウンドに現れた。

先頭のジェフ・マクニール（メッツ）に四球も、続くムーキー・ベッツ（ドジャース）を併殺打に仕留める。2死となって、MLB現役最高の選手、マイク・トラウトと同僚対決。最後は魔球「スイーパー」で空振り三振に斬って取った。3大会ぶり3度目の世界一。大谷はグラブも帽子も投げ飛ばし、マウンドで侍ナインと抱き合った。日本中が熱狂した第5回WBC。大谷に始まり、大谷で終わった伝説の大会となった。

2023年 第5回大会 日本代表成績

投手

左右	氏名	所属チーム（当時）	登板	完投	先発	完了	勝利	敗北	セーブ	打者	投球回	被安打	被本塁打	四球	死球	奪三振	奪三振率	失点	自責点	防御率	被打率
	大谷翔平	ロサンゼルス・エンゼルス	3	0	2	1	2	0	1	37	9 2/3	5	0	2	2	11	10.24	2	2	1.86	.152
	佐々木朗希	千葉ロッテマリーンズ	2	0	2	0	1	0	0	33	7 2/3	7	1	2	1	11	12.91	4	3	3.52	.233
	山本由伸	オリックス・バファローズ	2	0	1	0	1	0	0	27	7 1/3	4	0	2	0	12	14.73	2	2	2.45	.160
	ダルビッシュ有	サンディエゴ・パドレス	3	0	1	0	1	0	0	26	6	7	3	0	1	2	3	5	4	6.00	.280
△	今永昇太	横浜DeNAベイスターズ	3	0	1	0	1	0	0	25	6	7	2	0	0	7	10.50	2	2	3.00	.280
△	宮城大弥	オリックス・バファローズ	1	0	0	1	0	0	1	16	5	2	0	0	0	7	12.60	1	1	1.80	.125
	戸郷翔征	読売ジャイアンツ	2	0	0	0	0	0	0	20	5	2	1	3	0	9	16.20	1	1	1.80	.118
	大勢	読売ジャイアンツ	4	0	0	2	1	0	0	16	4	4	0	1	1	3	6.75	0	0	0.00	.286
	髙橋宏斗	中日ドラゴンズ	3	0	0	2	0	0	0	12	3	3	1	0	0	5	15.00	1	1	3.00	.250
	湯浅京己	阪神タイガース	3	0	0	0	0	0	0	10	2 2/3	2	0	1	0	4	13.50	0	0	0.00	.222
	伊藤大海	北海道日本ハムファイターズ	3	0	0	1	0	0	0	7	2 1/3	0	0	0	0	3	11.57	0	0	0.00	.000
△	髙橋奎二	東京ヤクルトスワローズ	1	0	0	0	0	0	0	7	2	1	0	0	0	2	9.00	0	0	0.00	.143
	宇田川優希	オリックス・バファローズ	2	0	0	0	0	0	0	4	1 1/3	0	0	0	0	3	20.25	0	0	0.00	.000
△	松井裕樹	東北楽天ゴールデンイーグルス	1	0	0	0	0	0	0	3	1	0	0	0	0	1	9.00	0	0	0.00	.000
	山﨑颯一郎 ※	オリックス・バファローズ																			
チーム計			7	0	7	7	7	0	2	243	63	44	8	11	5	80	11.43	18	16	2.29	1.94

※栗林良吏は登板せず1次リーグで離脱。追加招集の山﨑颯一郎も登板なし

野手

左右	氏名	所属チーム（当時）	試合	打数	得点	安打	二塁打	三塁打	本塁打	打点	塁打	犠打	盗塁	四球	故意四球	死球	三振	打率	長打率	出塁率	OPS
△	大谷 翔平	ロサンゼルス・エンゼルス	7	23	9	10	4	0	1	8	17	0	1	10	2	0	6	.435	.739	.606	1.345
△	近藤 健介	福岡ソフトバンクホークス	7	26	9	9	4	0	1	5	16	0	0	8	0	0	9	.346	.615	.500	1.115
△	吉田 正尚	ボストン・レッドソックス	7	22	5	9	1	0	2	13	16	0	0	4	0	4	1	.409	.727	.531	1.258
△	ラーズ・ヌートバー	セントルイス・カージナルス	7	26	7	7	0	0	0	4	7	0	2	6	0	1	6	.269	.269	.424	.693
△	村上 宗隆	東京ヤクルトスワローズ	7	26	6	6	3	0	1	6	12	0	0	6	1	0	13	.231	.462	.364	.826
	岡本 和真	読売ジャイアンツ	7	18	5	6	1	0	2	7	13	0	0	8	1	1	4	.333	.722	.556	1.278
	山田 哲人	東京ヤクルトスワローズ	6	15	1	4	0	0	0	2	4	0	3	5	0	0	5	.267	.267	.450	.717
△	源田 壮亮	埼玉西武ライオンズ	5	12	1	3	0	0	0	2	3	1	2	5	0	0	2	.250	.250	.471	.721
	牧 秀悟	横浜DeNAベイスターズ	6	15	2	3	0	0	2	2	9	0	0	1	0	0	2	.200	.600	.250	.850
	中村 悠平	東京ヤクルトスワローズ	5	7	3	3	2	0	0	1	5	1	0	4	0	0	1	.429	.714	.636	1.350
△	中野 拓夢	阪神タイガース	5	10	6	3	0	1	0	0	5	0	2	4	0	0	1	.300	.500	.500	1.000
	甲斐 拓也	福岡ソフトバンクホークス	4	11	0	1	1	0	0	2	2	1	0	3	0	0	5	.091	.182	.286	.468
△	牧原 大成	福岡ソフトバンクホークス	6	2	1	1	0	0	0	1	1	0	0	0	0	0	0	.500	.500	.500	1.000
	山川 穂高	埼玉西武ライオンズ	3	5	0	1	0	0	0	2	1	0	0	0	0	0	1	.200	.200	.143	.343
△	大城 卓三	読売ジャイアンツ	3	2	0	0	0	0	0	0	0	0	0	0	0	0	1	.000	.000	.000	.000
△	周東 佑京	福岡ソフトバンクホークス	5	1	1	0	0	0	0	0	0	0	0	0	0	0	1	.000	.000	.000	.000
チーム計			7	221	56	66	16	1	9	55	111	3	10	64	4	6	58	.299	.502	.459	.961

※△は左打ち。WBC公式英語版参照

大会ベストナイン

ポジション	氏名	国	成績
投手	大谷翔平	日本	3試合　2勝0敗1S　防御率1.86
	ミゲル・ロメロ	キューバ	5試合　2勝0敗0S　防御率2.08
	パトリック・サンドバル	メキシコ	2試合　1勝0敗0S　防御率1.23
捕手	サルバドール・ペレス	ベネズエラ	4試合　打率.429　1本塁打　6打点　0盗塁
一塁手	張 育 成（ジャンユーチェン）	チャイニーズ・タイペイ	4試合　打率.438　2本塁打　8打点　0盗塁
二塁手	ハビアー・バエス	プエルトリコ	5試合　打率.368　1本塁打　6打点　1盗塁
三塁手	ヨアン・モンカダ	キューバ	6試合　打率.435　1本塁打　5打点　0盗塁
遊撃手	トレイ・ターナー	アメリカ	6試合　打率.391　5本塁打　11打点　0盗塁
外野手	ランディ・アロザレーナ	メキシコ	6試合　打率.450　1本塁打　9打点　0盗塁
	マイク・トラウト	アメリカ	7試合　打率.296　1本塁打　7打点　1盗塁
	吉田正尚	日本	7試合　打率.409　2本塁打　13打点　0盗塁
DH	大谷翔平	日本	7試合　打率.435　1本塁打　8打点　1盗塁

カバー・表紙デザイン
ライラック

本文デザイン・組版
HOLON

本文DTP
田辺雅人

写真
Getty Images
アフロ
毎日新聞社/アフロ
日刊スポーツ/アフロ
スポニチ/アフロ
東京スポーツ/アフロ
AP/アフロ
UPI/アフロ
USA TODAY Sports/ロイター/アフロ
CTK Photo/アフロ

編集
丸井乙生(アンサンヒーロー)

証言 WBC 2023
侍ジャパン 激闘の舞台裏

2023年6月9日　第1刷発行
2023年8月24日　第3刷発行

著　者　白井一幸　中村悠平　近藤健介　城石憲之 ほか

発行人　蓮見清一

発行所　株式会社 宝島社
〒102-8388 東京都千代田区一番町25番地
電話(営業)03-3234-4621
(編集)03-3239-0646
https://tkj.jp

印刷・製本　中央精版印刷株式会社

Printed in Japan
ISBN 978-4-299-04329-0